Mini-Sprachkurs
JAPANISCH

von
Angela Kessel

PONS GmbH
Stuttgart

PONS
Mini-Sprachkurs
JAPANISCH

von
Angela Kessel

Auf der Basis von ISBN: 978-3-12-561348-5.

Auflage A1 5 4 3 2 1 / 2013 2012 2011 2010

© PONS GmbH, Rotebühlstraße 77, 70178 Stuttgart, 2010
PONS Produktinfos und Shop: www.pons.de
PONS Sprachenportal: www.pons.eu
E-Mail: info@pons.de
Alle Rechte vorbehalten.

Redaktion: Corinna Löckle-Götz
Logoentwurf: Erwin Poell, Heidelberg
Logoüberarbeitung: Sabine Redlin, Ludwigsburg
Titelfoto: Vlado Golub, Stuttgart
Einbandgestaltung: Tanja Haller, Petra Schnur, Stuttgart
Layout: one pm, Petra Michel, Stuttgart
Satz: Satz und mehr, Besigheim
Druck und Bindung: Gmähle-Scheel Print-Medien GmbH,
Kriegsbergstraße 14, 71336 Waiblingen-Hohenacker

Printed in Germany.
ISBN: 978-3-12-561685-1

INHALT

Vorwort

WILLKOMMEN

Sie möchten in kleinen, unterhaltsamen Portionen erste Kenntnisse in Japanisch erlangen? Der PONS Mini-Sprachkurs führt Sie schnell und sicher in die Sprache ein und vermittelt Ihnen ein lebendiges Bild des heutigen Japanischen. Zusätzlich erfahren Sie viel Nützliches und Interessantes zu Land, Leuten und Kultur.

WIE LERNEN SIE MIT DEM MINI-SPRACHKURS?

In **25 Mini-Lektionen** werden alle wichtigen Themen rund um Urlaub und Alltag auf jeweils vier Seiten behandelt. Auf den Seiten 6 bis 8 finden Sie eine kurze Einführung in die japanische Schrift, auf Seite 9 Regeln zur japanischen Aussprache.

Durch die Übungen in den Lektionen können Sie das Gelernte sofort anwenden und trainieren. Die Lösungen dazu finden Sie jeweils auf der rechten Seite unten.

Im Anhang des Buches finden Sie

- die **Grammatik**: Alle im Kurs behandelten Grammatikthemen werden hier anschaulich erklärt.

- den **Lektionswortschatz**: Hier können Sie lektionsweise neue Wörter und Wendungen mitlernen.

- eine **alphabetische Wortliste**: Hier können Sie schnell unbekannte Wörter nachschlagen.

- einen kleinen **Reisewortschatz**: Er enthält, nach Themen sortiert, nützliche Wörter für unterwegs.

Folgende Symbole helfen Ihnen, schnell vom Übungsteil zur passenden Stelle im Anhang oder zur Mini-CD zu gelangen:

§   verweist auf ein Grammatikthema.

    verweist auf die zugehörige MP3-Datei auf der CD.

    verweist auf interkulturelle Tipps.

Alle MP3-Dateien können Sie hier auch direkt herunterladen: www.pons.de/mini-sprachkurse.

Noch ein Tipp: Lernen Sie häufig und in kurzen Etappen; lieber täglich fünfzehn Minuten als nur einmal pro Woche zwei Stunden. Viel Spaß und Erfolg!

Empfehlung der PONS-Redaktion passend zu diesem Produkt:

mobil Wortschatz-Training Japanisch
· Audio-CD und Begleitheft
· Zusätzlich alle Dateien im MP3-Format

Trainieren Sie gezielt Ihr Hörverständnis und Ihre Aussprache – egal ob im Auto, beim Joggen oder zu Hause auf dem Sofa.

ISBN: 978-3-12-561417-8

Das japanische Schriftsystem

Im Japanischen gibt es zwei Silbenalphabete, die zusammen mit den chinesischen Schriftzeichen (**Kanji** = wörtl. „China-zeichen") das Schriftsystem ausmachen.

Die beiden Silbenalphabete heißen **Hiragana** und Katakana. Sie bestehen aus je 46 Zeichen.

Im modernen Japanisch wird **Hiragana** vorwiegend für Flexions-endungen benutzt sowie für Wörter, die nicht als Kanji dar-gestellt werden können. **Katakana** kommt vorwiegend bei Fremdwörtern (z. B Anglizismen) und ausländischen Namen zum Einsatz.

Die Silbenschriftzeichen bestehen immer aus einem Vokal (a, i, u, e, o) oder einem Konsonanten (k, s, t, n, h, m, y, r, w) in Verbindung mit einem Vokal. Eine Ausnahme bildet lediglich der Konsonant **n**, der ohne Vokal auftreten kann. Die einzelnen Silben können auch kombiniert werden und so neue Laute bilden.

Mithilfe der kleinen geschriebenen Silben ya や, yu ゆ, yo よ können gebrochene Laute erzeugt werden: kya → きゃ, nyu → にゅ oder ryo → りょ.

Die folgende tabellarische Darstellung der Zeichen ist die Standarddarstellung. Auch japanische Wörterbücher folgen dieser Ordnung.

Hiragana/Katakana

Klare Laute

あ/ア a	い/イ i	う/ウ u	え/エ e	お/オ o
か/カ ka	き/キ ki	く/ク ku	け/ケ ke	こ/コ ko
さ/サ sa	し/シ shi	す/ス su	せ/セ se	そ/ソ so
た/タ ta	ち/チ chi	つ/ツ tsu	て/テ te	と/ト to
な/ナ na	に/ニ ni	ぬ/ヌ nu	ね/ネ ne	の/ノ no
は/ハ ha	ひ/ヒ hi	ふ/フ fu	へ/ヘ he	ほ/ホ ho
ま/マ ma	み/ミ mi	む/ム mu	め/メ me	も/モ mo
や/ヤ ya		ゆ/ユ yu		よ/ヨ yo
ら/ラ ra	り/リ ri	る/ル ru	れ/レ re	ろ/ロ ro
わ/ワ wa	ん/ン n			を/ヲ o

gebrochene Laute

きゃ/キャ kya	きゅ/キュ kyu	きょ/キョ kyo
しゃ/シャ sha	しゅ/シュ shu	しょ/ショ sho
ちゃ/チャ cha	ちゅ/チュ chu	ちょ/チョ cho
にゃ/ニャ nya	にゅ/ニュ nyu	にょ/ニョ nyo
ひゃ/ヒャ hya	ひゅ/ヒュ hyu	ひょ/ヒョ hyo
みゃ/ミャ mya	みゅ/ミュ myu	みょ/ミョ myo
りゃ/リャ rya	りゅ/リュ ryu	りょ/リョ ryo

Das japanische Schriftsystem

Durch Hinzufügen von zwei Strichen oder einem kleinen Kreis können Sie **stimmhafte Silben** erzeugen: ha は → ba ば → pa ぱ

が/ガ ga	ぎ/ギ gi	ぐ/グ gu	げ/ゲ ge	ご/ゴ go	ぎゃ/ ギャ gya	ぎゅ/ ギュ gyu	ぎょ/ ギョ gyo
ざ/ザ za	じ/ジ ji	ず/ズ zu	ぜ/ゼ ze	ぞ/ゾ zo	じゃ/ ジャ ja	じゅ/ ジュ ju	じょ/ ジョ jo
だ/ダ da	ぢ/ヂ ji	づ/ヅ zu	で/デ de	ど/ド do			
ば/バ ba	び/ビ bi	ぶ/ブ bu	べ/ベ be	ぼ/ボ bo	びゃ/ ビャ bya	びゅ/ ビュ byu	びょ/ ビョ byo
ぱ/パ pa	ぴ/ピ pi	ぷ/プ pu	ぺ/ペ pe	ぽ/ポ po	ぴゃ/ ピャ pya	ぴゅ/ ピュ pyu	ぴょ/ ピョ pyo

Kanji

Theoretisch könnte man mit **Hiragana** alle japanischen Texte schreiben. Kinderbücher für die allerkleinsten Leser sind auch tatsächlich rein in **Hiragana** geschrieben. Doch hat sich im Japanischen die **Mischschrift** aus **Hiragana, Katakana** und den **sinntragenden chinesischen Schriftzeichen** – den **Kanji** – bewährt. 1981 legte die japanische Regierung 2.000 Kanji fest, die im Alltagsleben am häufigsten benutzt werden und an die sich auch die Massenmedien halten. Die Liste ist mittlerweile auf über 2.100 Kanji angestiegen. Zum Verständnis wissenschaftlicher und literarischer Texte jedoch sind weitergehende Kanji-Kenntnisse erforderlich.

Die richtige Aussprache

Die **Vokale** a, e, i, o, u können Sie aussprechen wie im Deutschen. Achten Sie aber auf **Längungsstriche** (Fachausdruck: *das Makron*) über den Vokalen, z. B. ā, ū. Sie zeigen an, dass der Vokal lang ausgesprochen wird:

ā = *ah* wie in *Naht*, **ē** = *eh* wie in *geht*, **ō** = *oh* wie in *Not* usw.

Ein **kurzes u** wird in vielen Fällen fast „verschluckt", so zum Beispiel bei **desu** (Aussprache fast wie *dess*), bei der Verbendung **-masu** (*mass*) sowie bei vielen Wörtern, die aus dem Englischen kommen: **basu** (*bass*).

Ein **ei** wird nicht wie das deutsche *ei* ausgesprochen, sondern **e-i**. Das *e* wird stärker betont als das nachfolgende *i*.

Bei den **Konsonanten** orientiert sich die Aussprache am Englischen. Achten Sie besonders auf

j	wie im englischen *Japan*	**ch**	wie im englischen *chess*
s	scharfes s (deutsches ß)	**w**	wie im englischen *win*
z	sehr weich, wie im englischen *zoo*		

Einige Konsonanten weichen von der englischen Aussprache jedoch ab:

r Die Lautbildung liegt zwischen dem deutschen *r* und *l*.

n Die Aussprache entspricht in der Wortmitte dem englischen *n*. Am Wortende ist die Aussprache jedoch weicher, wie *ng*. Dabei wird das *g* allerdings kaum hörbar ausgesprochen.

1

3 8

In der japanischen Sprache gibt es zahlreiche Wörter, die auch in Deutschland bekannt sind. Verbinden Sie die japanischen Wörter mit der richtigen Übersetzung.

1. samurai	**A**	Reiswein
2. sashimi	**B**	Roher Fisch auf Reis
3. sake	**C**	Kirschblüte
4. sayōnara	**D**	Hauptstadt der Insel Hokkaido
5. sumō	**E**	Roher Fisch
6. sakura	**F**	Samurai-Krieger
7. sapporo	**G**	Sumo-Sport
8. sushi	**H**	Auf Wiedersehen

2

Notieren Sie die richtigen japanischen Begriffe unter den Bildern.

A _Sakura_

B _Sake_

C _Sashimi_
Sushi

3

Im Japanischen wird das *s* immer scharf gesprochen wie in *Tasse*. Das „weiche", stimmhafte *s* wie bei *Sabine* würde man mit *z* wiedergeben.

Der Landesname Japans 日本, **Nihon** oder **Nippon** gelesen, setzt sich aus den chinesischen Schriftzeichen für *Sonne* 日 und *Ursprung* 本 zusammen und kann mit *Ursprung der Sonne* übersetzt werden.

Mit derzeit 127 Millionen Einwohnern ist Japan der viertgrößte Inselstaat der Welt. 8,3 Millionen Einwohner leben allein in der Hauptstadt.

Der Inselstaat Japan setzt sich aus vier Hauptinseln zusammen.

- Hokkaidô
- Honshû
- Tôkyô
- Shikoku
- Kyûshû

4

Achten Sie auf kurze und lange Vokale. Bei **Hokkaidō** ist das erste *o* kurz und das zweite lang, erkennbar am Längungsstrich.

5 → § 1

Das ist Japan heißt auf Japanisch **Nihon desu**. Durch Anhängen von **desu** an ein Substantiv entsteht bereits ein vollständiger japanischer Satz. Vervollständigen Sie die Sätze.

Tōkyō desu.   *Das ist Tokyo.*

Hokkaidō *desu*.

Honshū *desu*.

Shikoku *desu*.

Kyūshū *desu*.

6 →  2

Die Ländernamen sind einfach im Japanischen. Außer den asiatischen Staaten wie z. B. **nihon** *(Japan)* und **chūgoku** *(China)* kommen Ihnen die weiteren hier aufgezählten Ländernamen sicher vertraut vor.

doitsu	*Deutschland*
itaria	*Italien*
igirisu	*England*
furansu	*Frankreich*
supein	*Spanien*
oranda	*Holland*

7

Ordnen Sie zu.

1. Doitsu desu.   *3* **A** *Das ist Amerika.*

2. Igirisu desu.   *5* **B** *Das ist Spanien.*

3. Amerika desu.   *1* **C** *Das ist Deutschland.*

4. Oranda desu.   *2* **D** *Das ist England.*

5. Supein desu.   *4* **E** *Das ist Holland.*

8

Auf der linken Seite sehen Sie nun verschiedene Ländernamen, auf der rechten Seite passende Hauptstädte. Lesen Sie alle Länder und Städte einmal laut. Verbinden Sie die passende Hauptstadt mit dem jeweiligen Land.

1. oranda   **A** pekin

2. nihon   **B** berurin

3. chūgoku   **C** rōma

4. itaria   **D** pari

5. doitsu   **E** amusterudamu

6. furansu   **F** tōkyō

 3

In Japan wird Höflichkeit großgeschrieben! Daher werden Ihnen dort viele verschiedene Begrüßungsformeln begegnen. Wenn Sie ein Kaufhaus betreten, hören Sie **Irasshaimase** *(Herzlich willkommen!).*

Bei der Begrüßung tauscht man auch Fragen nach dem Befinden aus.

Konnichiwa. O-genki desu ka? *Guten Tag. Wie geht es Ihnen?*
Arigatō gozaimasu. Genki desu. *Danke vielmals. Es geht mir gut.*

Bei der Anrede verwendet man die **Höflichkeitsvorsilbe o-**, wie in **O-genki desu ka.** Bei der Antwort verzichtet der Sprecher auf diese Vorsilbe und antwortet einfach **Genki desu.**

Füllen Sie die Lücken aus.

O-genki _devike_ ?

Arigatō _gozaimasu_. _Genki_ desu.

Hierarchien spielen in Japan eine große Rolle. Das spiegelt sich auch in der Sprache wider. Grundsätzlich gilt: Je länger eine Formulierung ist, desto höflicher ist sie. Dem Chef oder einer höhergestellten Persönlichkeit gegenüber verwendet man stärkere Höflichkeitsformen.

Die Form **arigatō gozaimasu** ist besonders höflich. Die einfache Form **arigatō** kann man zum Beispiel als Kunde einer Verkäuferin gegenüber anwenden.

 4

Ordnen Sie die folgenden Ausdrücke für *Danke* nach dem Grad der Höflichkeit. Beginnen Sie mit der höflichsten Formulierung.

arigatō dōmo arigatō gozaimasu arigatō gozaimasu

5 → 4

So kann man sich in Japan begrüßen und verabschieden.

Ohayō gozaimasu.
Guten Morgen.

Konban wa.
Guten Abend.

Oyasumi nasai.
Gute Nacht.

Jā ne.
Tschüs!

Auf Wiedersehen heißt auf Japanisch: **Sayōnara.**

LÖSUNG

2 desu ka, gozaimasu, Genki • **4 1.** Dōmo arigatō gozaimasu.
2. Arigatō gozaimasu. **3.** Arigatō.

Händeschütteln ist in Japan traditionell nicht üblich. Stattdessen verbeugt man sich voreinander. Trotzdem kann es Ihnen passieren, dass Ihnen ein interkulturell trainierter Japaner von sich aus die Hand gibt. Dann drücken Sie bitte nicht so kräftig zu, denn das wird von Japanern als unangenehm empfunden.

 6

Lesen Sie noch einmal die wichtigsten Begrüßungsphrasen. Ordnen Sie den Phrasen die richtige Übersetzung zu.

1. Irasshaimase.
2. Konnichi wa.
3. O-genki desu ka?
4. Genki desu.
5. Arigatō gozaimasu.

3 A Wie geht es Ihnen?
1 B Willkommen!
5 C Danke.
2 D Guten Tag.
4 E Es geht mir gut!

> Konnichi wa. – *Guten Tag.*

7

Welche Grußformel passt zu welchem Bild? Ordnen Sie zu.

Konnichi wa. • Sayōnara. • Oyasumi nasai. • Jā ne.

1. Konichi wa
2. Oyusumi nasai.
3. Sayonara
4. Jā ne.

Japaner tauschen gerne Geschenke aus, um die guten Beziehungen zu pflegen. Diese Geschenke heißen auf Japanisch **o-miyage**. Überreichen Sie Ihr Gastgeschenk mit den Worten **O-miyage desu, dōzo.** *(Dies ist mein Gastgeschenk, bitte sehr.)*

Sie sind am Abend bei japanischen Freunden zu Gast. Wählen Sie aus, welche Formulierungen Sie benutzen. Achtung: Nicht alle aufgeführten Ausdrücke kommen dabei zum Einsatz.

> **Ohayō gozaimasu.** • **Sayōnara.** • **O-miyage desu, dōzo.** •
> **Irasshaimase.** • **Konnichi wa.** • **Konban wa.**

Zur Begrüßung sagen Sie: _Konbanwa._

Der Gastgeber begrüßt Sie mit: _Irasshaimase._

Vor dem Betreten des Wohnbereiches sagen Sie: **O-jama shimasu.** (wörtlich: *Ich belästige Sie.*)

Der Gastgeber wird Ihnen den Weg weisen mit den Worten: **Dōzo, kochira e.** *(Hier entlang, bitte!)*

Wenn Sie Ihr Gastgeschenk überreichen, sagen Sie:
O-miyage desu, dōzo. *(Dies ist mein Gastgeschenk!)*

Zum Abschied sagen Sie: _Sayōnara._

LÖSUNG

6 1B, 2D, 3A, 4E, 5C • **7** 1. Konnichi wa, 2. Oyasumi nasai 3. Sayōnara,
4. Ja nee • **9** Konnichi wa, Irasshaimase, O-miyage desu, dōzo, Sayōnara

Die Vorstellung der eigenen Person (**jiko shōkai**) nimmt man in Japan sehr wichtig. Japaner nennen zuerst den Nachnamen, dann den Vornamen – z. B. Kurosawa Akira (ein japanischer Regisseur) oder Murakami Haruki (ein japanischer Schriftsteller). Bei der Vorstellung haben Sie zwei Möglichkeiten: Sie nennen entweder nur Ihren Nachnamen oder den kompletten Namen in der japanischen Reihenfolge: Nachname, Vorname.

······· **1** →  5

So kann man sich auf Japanisch vorstellen:

O-namae wa?	*Wie ist Ihr Name?*
Myūrā desu.	*(Mein Name) ist Müller.*
Myūrā Petora desu.	*(Mein Name) ist Petra Müller.*

······· **2**

Im Japanischen können Satzteile entfallen, wenn klar ist, worüber gesprochen wird. Oft genügen – wie im obigen Satz **Myūrā desu** – Verb und Objekt bzw. Verb und Prädikatsnomen. Das Subjekt (**namae wa** – *mein Name*) wird nicht benötigt, da es sich aus dem Kontext ergibt.

3

Die häufigsten japanischen Familiennamen setzen sich meist aus ganz einfachen Wortteilen zusammen.

yama	kawa	shita	guchi	ta/da	mori
Berg	*Fluss*	*unter, unten*	*Eingang*	*Feld*	*Wald*

Versuchen Sie, diese Familiennamen zu übersetzen:

1. Yamashita   *„Unter dem Berg"*

2. Yamaguchi

3. Morita

4. Kawada

5. Kawaguchi

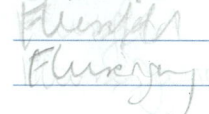

4

Die Begrüßungsfloskel **konnichi wa** *(Guten Tag)* kennen Sie schon. Für die erste Begegnung gibt es im Japanischen jedoch besondere Redewendungen.

Hajimemashite.   *Darf ich mich vorstellen?*
Dōzo, yoroshiku.   *Angenehm, Sie kennen zu*
oder   *lernen.*
Yoroshiku onegai shimasu.

3

→ ✏ 6. 3 4

Die junge Studentin Tanpo Miki stellt sich vor. Vervollständigen
Sie den Text.

1. _Haj, memguShie_ . *Darf ich mich vorstellen?*

2. **Tanpo** _Miki_ **desu.** *Ich bin Miki Tanpo.*

3. _Yoroshii_ **onegai shimasu.** *Angenehm, Sie kennen zu lernen.*

→ § 2

Im vorigen Kapitel haben Sie bereits einige Ländernamen ken-
nen gelernt. Mit den Suffixen **jin** für *Mensch* und **go** für *Sprache*
können Sie gleich auch die Landessprache und die jeweiligen
Landsleute benennen.

Lesen Sie die untenstehenden Begriffe. Ordnen Sie den
Ländernamen jeweils ein **L** zu, der Landessprache ein **S** und
den Bewohnern eines Landes ein **B**:

ōsutoria chūgoku-go itaria-jin

nihon doitsu-jin ei-go

chūgoku-jin supein-jin doitsu-go

furansu amerika-jin furansu-jin

igirisu itaria-go doitsu

supein-go nihon-go amerika

ei-go – *Englisch*

7

Die Schweiz heißt übrigens **suisu**, die Schweizer nennt man folgerichtig _Suisu-jin_. Die verschiedenen Landessprachen der Schweiz finden Sie in Übung 6 – mit Ausnahme von **retoroman-go**, dem _Ratoromanisch_.

8 → § 3

Japanische Substantive besitzen keine männliche oder weibliche Form, ebenso wenig einen Singular oder Plural. **Nihon-jin** könnte also folgende Übersetzungen haben:

ein Japaner	_mehrere_ _Japaner_
eine _Japanerin_	_mehrere Japanerinnen_

9 → § 2, 4

Ihrer Selbstvorstellung können Sie nun auch die Nationaliät hinzufügen: **Myūrā desu. Doitsu-jin desu.**

Ergänzen Sie die Nationalität der einzelnen Personen.

Tanpo desu.   Nihon-jin desu.

Mirā desu.   _Igirisu-jin der_ (GB)

Montero desu.   _Supein-jia der_ (E)

Batini desu.   _Itaria-jin deu_ (I)

Deron desu.   _Furansu-jin der_ (F)

Wenn Sie geschäftlich nach Japan reisen, sollten Sie immer eine **meishi** *(Visitenkarte)*, am besten mit japanischer Übersetzung auf der Rückseite, parat haben. Wenn Sie eine Visitenkarte überreichen oder entgegennehmen, tun Sie dies am besten respektvoll mit beiden Händen. Gehen Sie auch sonst höflich mit der Visitenkarte um. Schreiben Sie zum Beispiel vor den Augen des Besitzers oder der Besitzerin in keinem Fall etwas auf die Karte.

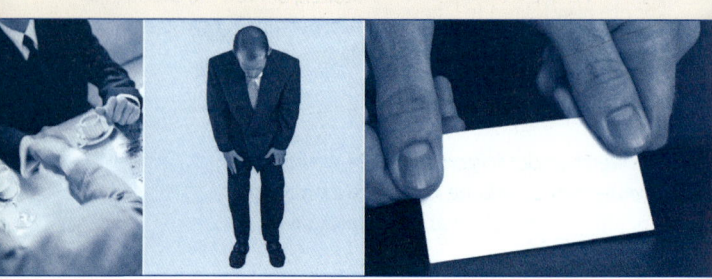

1

Die richtige Anrede einer Person ist von großer Bedeutung. Das Suffix **-san** bedeutet *Herr* oder *Frau* und wird bei der Anrede einer Person an den Namen angehängt. Während man im Geschäftsleben fast ausschließlich den Nachnamen benutzt, kann im Privaten das **-san** durchaus auch an den Vornamen eines Freundes oder einer Freundin angehängt werden. **-san** darf man in keinem Fall für die eigene Person bzw. für eine Person aus der eigenen Gruppe oder Familie benutzen.

2

Wo muss **-san** gestrichen werden? Kreuzen Sie an.

1. ☐ Tanaka-san, o-genki desu ka?
2. ☒ Hajimemashite. Myūrā-san desu.
3. ☐ Ā, Satō-san, konnichi wa.
4. ☒ O-namae wa? – Kawaguchi-san desu.

3

Wenn Sie andere Personen vorstellen, sollten Sie die Worte
kochira wa *(Dies ist ...)* vor den Namen der Person setzen.

Kochira wa Miki-san desu.   *Dies hier ist Miki.*

4

Bei welchen der folgenden Sätze wird eine Person aus der
eigenen Gruppe vorgestellt? Kreuzen Sie an.

1. ☒ Kochira wa Myūrā desu.
2. ☐ Kochira wa Kobayashi-san desu.
3. ☐ Kochira wa Sakai-san desu.
4. ☒ Kochira wa Gotō desu.

5 → § 3, 7

Japanische Nomen besitzen weder Singular- noch Pluralformen
noch eine weibliche oder männliche Form. Auch die japani-
schen Verben sind sehr universell. Sie werden nicht gebeugt.
desu bedeutet *sein* für alle Personen im Singular und Plural. **»**

Nihon-jin desu kann also bedeuten:

Ich bin Japaner / Japanerin.   *Wir sind Japaner / Japanerinnen.*
Du bist Japaner / Japanerin.   *Ihr seid Japaner / Japanerinnen.*
Er ist Japaner. / Sie ist Japanerin. *Sie sind Japaner / Japanerinnen.*

 6

Schreiben Sie mögliche Übersetzungen für diese japanischen Sätze auf.

> **konpyūtā** – *Computer,*
> **ringo** – *Apfel*

Konpyūtā desu.

Ringo desu.

🌐 → 📷 7

Nachdem Sie eine Visitenkarte erhalten haben, sollten Sie den Namen des Gegenübers noch einmal wiederholen. So können Sie sich gleich die richtige Aussprache einprägen. Zum Beispiel so:
Ä, Taguchi-san desu ne.   *Ah, Herr Taguchi, nicht wahr?*

Ihr Gegenüber könnte sagen:
Hai, sō desu.   *Ja, so ist es.*

Andere vorstellen

Hai, sō desu hört man in Japan sehr häufig. Japaner legen sehr viel Wert auf Harmonie und Konsens. Das gilt auch für die Kommunikation. Sogenannte zustimmende Floskeln wie **sō desu**, **sō desu ne** (*Ja, nicht wahr?*) oder **sō, sō, sō** bekräftigen, dass man dem anderen wohlgesonnen ist. Sie bedeuten aber nicht unbedingt Zustimmung, sondern signalisieren nur: *Ich höre zu. Bitte sprechen Sie weiter.* Das gilt auch für das Wort **hai** (*ja*).

7 →  8

Ordnen Sie den wichtigsten Phrasen für Begrüßung und Small-talk die richtige Übersetzung zu.

1. Irasshaimase.   **A** *Wie geht es Ihnen?*

2. Konnichi wa.   **B** *Mein Name ist Gotō.*

3. O-genki desu ka?   **C** *Dies ist Frau Uchida.*

4. Arigatō. Genki desu.   **D** *Wie ist Ihr Name?*

5. O-namae wa?   **E** *Darf ich mich vorstellen?*

6. Gotō desu.   **F** *Herr Itō, nicht wahr?*

7. Hajimemashite.   **G** *Guten Tag.*

8. Yoroshiku onegai shimasu.   **H** *Danke, gut.*

9. Itō-san desu ne.   **J** *Schön, Sie kennen zu lernen.*

10. Kochira wa Uchida-san desu.   **K** *Willkommen.*

Auch Berufsbezeichnungen gehören zur Vorstellung der eigenen Person. Im Japanischen sind viele Berufsbezeichnungen aus dem Englischen übernommen:

enjinia = *engineer (Ingenieur)*,
suchuwādesu = *stewardess (Flugbegleiterin)*
uētoresu = *waitress (Kellnerin)*
pairotto = *pilot (Pilot)*
manējā = *manager (Manager)*

Natürlich gibt es auch original japanische Berufsbezeichnungen.

 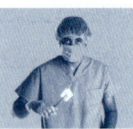  

kenchiku-ka
Architekt/-in

isha
Arzt/Ärztin

bengo-shi
Anwalt/ Anwältin

kaisha-in
Angestellte/r

Ähnlich wie bei den Nationalitäten werden auch viele Berufsbezeichnungen mit Suffixen gebildet. Allerdings gibt es verschiedene Möglichkeiten. Lernen Sie das passende Suffix am besten auswendig.

-ka
kenchiku-ka *Architekt/-in*
ongaku-ka *Musiker/-in*
honyaku-ka *Übersetzer/-in*

-in
ginkō-in *Bankangestellte/-r,*
kaisha-in *Angestellte/-r,*

-shi
bengo-shi
Rechtsanwalt/-anwältin

-ya
yūbin-ya
Postbote/-botin

 → 9 37

Hier stellen sich verschiedene Personen vor.

Shumitto desu. Doitsu-jin desu. Kaisha-in desu.
Gorini desu. Itaria-jin desu. Bengo-shi desu.
Tanaka desu. Nihon-jin desu. Isha desu.
Rīmu desu. Ōsutoria-jin desu. Ginkō-in desu.

Sind die folgenden Aussagen richtig (R) oder falsch (F)?

1. *Herr Rihm ist ein österreichischer Bankangestellter.*   R

2. *Frau Gorini ist eine italienische Lehrerin.*   F

3. *Herr Tanaka ist ein japanischer Arzt.*   R

4. *Frau Schmidt ist eine deutsche Übersetzerin.*   F

5

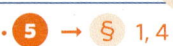 **5** → § 1, 4

Tanaka-san wa isha desu.   *Herr Tanaka ist Arzt.*

Im Japanischen steht das Wort **wa** hinter dem Subjekt oder Thema eines Satzes. **wa** ist eine so genannte Partikel und bedeutet in etwa *was ... betrifft*. Partikeln sind kurze Funktionswörter, die anzeigen, welche grammatische Funktion ein Wort oder eine Gruppe von Wörtern innerhalb eines Satz einnimmt. **wa** bezeichnet man als Themapartikel.

Myūrā-san wa doitsu-jin desu. *Frau Müller ist Deutsche.*
Batīni-san wa bengo-shi desu. *Herr Batini ist Anwalt.*

Vervollständigen Sie die folgenden Sätze.

1. Itō-san *wa* kenchiku-ka desu.

2. Obama-san *wa* amerika-jin *desu*.

3. Dōmu-san *wa* kaisha-in *desu*.

 6

Ordnen Sie die Wörter so, dass ein korrekter Satz entsteht.

**wa / isha / desu /
Gotō-san**   *Gotō-san wa isha desu.*

**Arudo-san / desu /
wa / itaria-jin**   *Arudo-san wa itaria-jin desu.*

**desu / yūbin-ya /
Buraun-san / wa**   *Buraun-san wa yūbin-ya desu.*

7 → § 18

Kore heißt *dies*. **Kore wa doitsu desu** heißt also
Dies ist Deutschland. Formulieren Sie Bildunter-
schriften mit **kore wa**:

rappu-
toppu –
Laptop

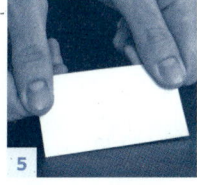

1. *Kore wa nihon desu*   4. Kore wa sushi desu (sun)
2. Kore wa sakura desu   5. Kore wa meishi da
3. Kore wa sake desu (sake)   6. Kore wa rapputoppu desu

Smalltalk wird in Japan großgeschrieben, denn die leichte Unterhaltung eignet sich perfekt, um zwischenmenschliche Beziehungen aufzubauen und zu pflegen. Wichtig ist es, Themen zu finden, die einen gemeinsamen Nenner und eine wohlwollende Kommunikation auf beiden Seiten ermöglichen. Neben naheliegenden Themen wie dem Wetter sprechen Japaner auch gerne über das Essen und über Vergleiche zwischen Japan und anderen Ländern. Natürlich sollten Sie sich dabei nur positiv über Japan äußern und heikle historische oder politische Themen meiden.

  § 5

Lesen Sie den folgenden kurzen Smalltalk-Dialog.

> **shigoto**
> – *Arbeit*, **nan /**
> **nani** – *was?*, **ni**
> **tsutomete imasu** –
> *arbeiten bei*, **Bosshu**
> – *Bosch*, **doko** – *wo?*,
> **ni sunde imasu** –
> *wohnen in*

A: **O-shigoto wa nan desu ka?**   *Was ist Ihre Arbeit?*

B: **Enjinia desu.**   *(Ich bin) Ingenieur.*
   Bosshu ni tsutomete imasu.   *(Ich) arbeite bei Bosch.*

A: **Doko sunde imasu ka?**   *Wo wohnen Sie?*

B: **Tōkyō ni sunde imasu.**   *(Ich) wohne in Tokyo.*

ka ist die so genannte Fragepartikel. Sie kennen Sie schon aus **O-genki desu ka?** ka am Ende eines Satzes verwandelt einen Aussagesatz in einen Fragesatz.

2

Bilden Sie aus den folgenden Aussagesätzen Fragesätze.

1. Nihon desu.

2. Andō-san wa enjinia desu.

3. Kore wa sake desu.

 3

Wenn Sie nach dem Beruf fragen, kann es sein, dass man Ihnen antwortet: **Toyota desu** *(Ich arbeite bei Toyota).* Sie können also auch den Firmennamen anstelle des konkreten Berufs nennen.

4 → § 8

Mit **sunde imasu** und **tsutomete imasu** haben Sie eine der wichtigsten Verbformen im Japanischen kennen gelernt: die so genannte **te-Form**. Diese Form heißt so, weil die Endung -te (manchmal allerdings auch auf **-de** oder auf **-tte**) lautet.

In den folgenden Beispielen werden die Verben der te-Form mit dem Verb **imasu** kombiniert. Markieren Sie Verben in der te-Form.

1. Tōkyō ni sunde **imasu**. *(Ich wohne in Tokio.)*

2. Bosshu ni tsutomete **imasu**. *(Ich bin bei Bosch angestellt.)*

3. Kekkon shite **imasu** ka. *(Sind Sie verheiratet?)*

4. Nihon-go o benkyō shite **imasu**. *(Ich studiere Japanisch.)* »

4 1. sunde, **2.** tsutomete, **3.** shite, **4.** shite

2 Nihon desu ka? Andō-san wa enjinia desu ka? Kore wa sake desu ka?

LÖSUNG

Meistens drückt die **te**-Form + **imasu** aus, dass man gerade dabei ist, etwas zu tun.

Bei einigen Verben, wie bei *wohnen, studieren, angestellt* oder *verheiratet sein,* wird mit der **te-Form** auch ein länger währender Zustand ausgedrückt.

Sie müssen die te-Formen nicht selbst bilden können. Lernen Sie sie einfach wie Vokabeln.

5 → 🎯 10

Lesen Sie den folgenden Dialog zwischen der Studentin Miki und dem Polizisten Maeda. Die Vokabeln im Kreis benötigen Sie, um alles verstehen zu können.

kochira koso – *danke gleichfalls,* **gakusei** – *Studentin,* **Ueno** und **Kanda** – *Stadtteile von Tokyo,* **keiji** – *Polizeiinspektor*

Miki Tanpo:	Tanpo Miki desu.
Maeda:	Maeda desu.
Miki Tanpo:	Hajimemashite. Dōzo yoroshiku.
Maeda:	Kochira koso, dōzo yoroshiku.
Miki Tanpo:	Tōkyō no Ueno ni sunde imasu. Gakusei desu. Maeda-san wa?
Maeda:	Tōkyō no Kanda ni sunde imasu. Keiji desu.

6 → § 4

no ist die Genitivpartikel. Sie zeigt Besitz oder Zugehörigkeit an und ist mit dem 2. Fall im Deutschen vergleichbar. **no** wird wie alle Partikeln nachgestellt, steht also hinter dem Bezugswort. Hier einige Beispiele für die Verwendung von **no**:

Oda-san no konpyūtā	*der Computer von Herrn Oda*
Bosshu no Morikawa-san	*Herr Morikawa von Bosch*
Tōkyō no Ueno	*Ueno in Tokyo*
Harada-san no shigoto	*die Arbeit von Frau Harada*
Nihon-go no benkyō	*das Japanisch-Studium*

7 → § 4

Setzen Sie die Partikeln **wa** (Thema), **no** (Genitiv) und **ka** (Frage) an die richtige Stelle.

1. Kore _wa_ Tanpo-san _no_ konpyūtā desu _ka_ ?

2. O-shigoto _wa_ nan desu _ka_ ?

3. Ōhara-san _wa_ gakusei desu _ka_ ?

4. Tōkyō _no_ Ueno ni sunde imasu _ka_ ?

5. Tanpo-san _wa_ Maeda-san _no_ tomodachi desu _ka_ ?

6. Itō-san _wa_ bengoshi desu _ka_ ?

> **tomodachi**
> *– Freund, Freundin*

6 no, no • **7** 1. wa, no, ka? 2. wa, ka? 3. wa, ka? 4. no, ka? 5. wa, no, ka? 6. wa, ka?

Japanische Städte sind bekannt für ihre engen Wohnverhält-
nisse. Viele Familien leben in einem kleinen **apāto** (*Apartment*)
oder einem **manshon** (*exklusivere Wohnung*) zusammen. Wer
etwas mehr Platz haben und weniger bezahlen möchte, zieht
oftmals in eine Vorstadt und nimmt damit weite Wege von ein
bis zwei Stunden auf sich, um zur Arbeit zu kommen. Ange-
stellte von Firmen finden oft in den **ryō** (*Wohnheimen*) ihrer
Unternehmen Platz. Aber natürlich gibt es – auch in Tokyo –
ikkodate (*freistehende Einfamilienhäuser*).

 1 →  11

Hier sehen Sie drei der genannten japanischen Wohn-
formen im Bild. Vervollständigen Sie die Sätze und
ordnen Sie sie den Bildern zu.

watashi
– ich

3 **A** Ikkodate ni sunde imasu.

A **B** Ryō ni *sunde imasu*

2 **C** Watashi wa apāto *(ni) sunde imasu.*

2

In der Regel verwendet man keine Personalpronomen im Japanischen. Meistens geht aus dem Inhalt hervor, von wem die Rede ist. So auch im vohergehenden Beispiel: Nur einmal heißt es **watashi wa** ... Aber auch in den beiden anderen Beispielen ist klar, dass in der Ich-Form gesprochen wird.

Natürlich gibt es Personalpronomen:

watashi = *ich*   **anata** = *du*

Um die eigene Person nicht zu stark zu betonnen, verzichtet man oft auf **watashi**. Bei der Ansprache einer anderen Person benutzt man lieber den Nachnamen plus **san** anstelle von **anata**.

Itō-san wa bengo-shi desu ka?   *Herr Itō, sind Sie Rechtsanwalt?*

3

Bei modernen Apartments sind für die Bezeichnung der Zimmer oft Anglizismen üblich. Ordnen Sie die Begriffe zu.

1. kitchin	A	*Balkon*
2. dainingu *(dining room)*	B	*Toilette*
3. ribingu *(livingroom)*	C	*Küche*
4. barukonī	D	*Esszimmer*
5. toire	E	*Wohnzimmer*

4 → 📷 12

Zu den wichtigen Räumen im traditionellen japanischen Haus gehören:

genkan	*Eingang*	**ima**	*Wohnzimmer*
daidokoro	*Küche*	**shosai**	*Arbeitszimmer*
o-furoba	*Bad*	**shinshitsu**	*Schlafzimmer*

5

Fragen Sie nach den folgenden Zimmern, indem Sie die Konstruktion **... wa doko desu ka?** (*Wo ist ...?*) benutzen.

1. Ima wa doko desu ka?

2. Daidokoro wa doko desu ka?

3. Jaime O-furoba wa doko desu ka?

4. Shosai wa doko Shinshitsu desu ka?

5. Genkan wa
doko desu ka?

6. Shosai wa doko
desu ka?

6

Auf **doko desu ka?** können Sie antworten:

Koko desu. *Hier ist es.*

Asoko desu. *Dort drüben ist es.*

„Wo sind wir hier?" heißt auf Japanisch: **Koko wa** doko **desu ka?**

7

Übersetzen Sie.

Willkommen. Dies ist mein Apartment. (watashi no)

Irasshai. Kore wa apāto desu.

Wo ist die Toilette?

Toire wa doko desu ka?

Die Toilette ist dort drüben.

Toire wa asoko des.

5 1. ima wa doko desu ka? **2.** Daidokoro (kitchin) wa doko desu ka?
3. toire wa doko desu ka? **4.** Shinshitsu wa doko desu ka? **5.** Genkan wa
doko desu ka? **6.** shosai wa doko desu ka? **7** Irasshaimase. Kore
wa watashi no apāto desu. Toire wa doko desu ka? Toire wa asoko desu.

 → 13

Hier sehen Sie einige Kleidungsstücke. Viele Bezeichnungen für Kleidung sind aus dem Englischen entnommen.

sētā

tīshatsu

burausu

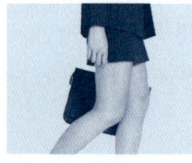

sukāto

kutsu

zubon

2

Ordnen Sie die japanischen Begriffe der richtigen deutschen Übersetzung zu. Ein Tipp: Auch hier gehen Sie am besten vom Englischen aus.

1. **wanpīsu**   **A** *Stiefel*

2. **nekutai**   **B** *Kleid*

3. **kōto**   **C** *Krawatte*

4. **būtsu**   **D** *Mantel*

3

So fragen Sie im Geschäft nach bestimmten Kleidungsstücken oder anderen Produkten:

Tīshatsu wa arimasu ka?   *Gibt es T-Shirts? Führen Sie ...?*

Fragen Sie im Kaufhaus bzw. im Restaurant nach den folgenden Produkten:

Blusen   ~~Tīshatsu~~ ~~burausu~~ *wa* Burausu wa arimasu ka?

Sushi   Sushi wa arimasu ka?

Mäntel   Koto wa arimasu ka?

Sake   Sake wa arimasu ka?

4

Wie lauten diese Sätze im Deutschen?

1. Satō-san no kōto desu ka?

~~Ka~~ Ist das Satos Mantel?

2. Watashi no wanpīsu wa doko desu ka?

Ist das Wo ist mein Kleid?

3. Nekutai wa arimasu ka?

Führen sie Krawatten?

LÖSUNG

2 1B, 2C, 3D, 4A • **3** Burausu wa arimasu ka? Sushi wa arimasu ka? Kōto wa arimasu ka? Sake wa arimasu ka? • **4** 1. Ist das der Mantel von Herrn/Frau Satō? 2. Wo ist mein Kleid? 3. Führen Sie Krawatten?

 **5** → 🔘 14 5

Jetzt wird es bunt. Hier finden Sie die Farbadjektive.

akai	*rot*	**shiroi**	*weiß*
kuroi	*schwarz*	**midori-iro**	*grün*
aoi	*blau*	**kiiroi**	*gelb*
pinku-iro	*pink*	**chairo**	*braun*
orenji-iro	*orange*	**gurē**	*grau*

 6

Beschreiben Sie die folgenden Kleidungsstücke nach folgendem Satzmuster:

Burausu wa kiiroi desu. – *Die Bluse ist gelb.*

1. *Krawatte – rot*

2. *Kleid – grün*

3. *Pullover – weiß*

4. *Stiefel – schwarz*

5. *Hose – grau*

Nekutai wa akai desu.
Wanpīsu wa midori-iro desu.
Sētā wa shiroi desu.
Būtsu wa kuroi desu.
Zubon wa gurē desu.

🌐

In Japan dürfen Sie die Umkleidekabinen nicht mit Schuhen betreten.

7

Sehen Sie sich die untenstehenden Bilder an. Welches Adjektiv passt zu welchem Bild?

> **takai** – *teuer* • **yasui** – *billig* • **nagai** – *lang* • **mijikai** – *kurz*

1. _nagai_

2. _mijikai_

500 ¥

3. _yasui_

20.000 ¥

4. _takai_

8

Ergänzen und übersetzen Sie.

1. **Burausu wa nagai desu ka?** _Ist die Bluse lang_ ?

2. **Sukāto wa mijikai** _desu_ **ka?** *Ist der Rock* _kurz_ ?

3. **Nekutai** _wa_ **takai** _desu ka_ ? _Ist die Krawatte teuer_ ?

4. **Sētā** _wa yasui desu_. *Der Pullover ist billig.*

LÖSUNG

6 1. Nekutai wa akai desu. 2. Wanpīsu wa midori-iro desu. 3. Sētā wa shiroi desu. 4. Būtsu wa kuroi desu. 5. Zubon wa gurē desu. • **7** 1. nagai, 2. mijikai, 3. yasui, 4. takai • **8** 1. Ist die Bluse lang? 2. desu kurz? 3. ...wa ...desu ka ist die Krawatte teuer? 4. wa yasui desu.

Japan bietet vielfältige Einkaufsmöglichkeiten und muss nicht immer so teuer sein wie sein Ruf. Die *Kaufhäuser* (**depāto**) bieten im Gegensatz zu Deutschland zwar vorwiegend sehr hochwertige Produkte. Doch es gibt Alternativen wie die preisgünstigen unterirdischen Einkaufspassagen, die sich oft an Bahnhöfen befinden, oder *Convenience Stores* (**konbini**), die 24 Stunden geöffnet sind. Unschlagbar günstig sind *100 Yen-Läden* (**hyaku-en shoppu**), wo alles genau 100 Yen kostet.

1 → 15

Mithilfe der neuen Vokabeln im Kreis können Sie den folgenden Dialog lesen.

> **saifu** – *Portemonnaie*,
> **ikaga desu ka?** – *Wie ist es?*,
> **chotto** – *ein wenig*,
> **ii** – *gut*,
> **Kore wo kudasai.** – *Dieses bitte*.

Kunde: Kuroi saifu wa arimasu ka?

Verkäuferin: Hai, arimasu. Kore wa ikaga desu ka?

Kunde: Chotto takai desu.

Verkäuferin: Kore wa yasui desu. Ikaga desu ka?

Kunde: Ii desu ne. Kore wo kudasai.

2 → § 5

Die Partikel **ne** wird im Japanischen sehr oft am Ende eines Satzes benutzt. Sie entspricht dem Deutschen „*nicht wahr?*", zum Beispiel in **sō desu ne** *(Ja, so ist es, nicht wahr?)*

 **3** → § 18

Im vorhergehenden Dialog kommt mehrfach das schon bekannte Wort **kore** vor. **Kore** (*dies*) bezieht sich auf etwas, das sich beim Sprecher befindet. Um die unterschiedliche Entfernung von Dingen deutlich zu machen, benutzt man in Japan daneben auch **sore** (bezieht sich auf etwas, was sich beim Hörer befindet) und **are** (bezieht sich auf etwas außerhalb des Bereichs von Sprecher und Hörer).

Setzen Sie das passende Fürwort ein:

> **kore • sore • are**

1. Das Portemonnaie von Herrn Oda liegt außerhalb des Bereichs der beiden Gesprächspartner.

_Are_____ wa Oda-san no saifu desu.

2. Der Angesprochene steht näher beim **denwa** (*Telefon*) als der Sprecher.

_Sore_____ wa denwa desu.

3. Der Sprecher steht näher beim Computer als der Zuhörer.

_Kore_____ wa konpyūta desu.

tēburu
– *Tisch*,
keitai denwa
– *Mobiltelefon*

4

Schauen Sie sich die Bilder an und lesen Sie die zugehörigen Aussagen. Welche Aussage passt am besten zum Bild? Kreuzen Sie an.

- **A** Sore wa tēburu desu.
- **B** Kore wa tēburu desu.
- **C** Are wa tēburu desu.

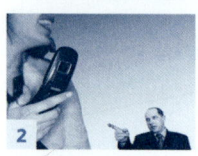

- **A** Sore wa keitai denwa desu.
- **B** Are wa keitai denwa desu.
- **C** Kore wa keitai denwa desu.

- **A** Are wa konbini desu.
- **B** Sore wa konbini desu.
- **C** Konbini wa doko desu ka?

5 → § 20

So fragen Sie nach dem Preis:

Kundin:	**Ikura desu ka?** *(Was kostet das?)*
Verkäuferin:	**Hyaku en desu.** *(Das kostet 100 Yen.)*

hyaku – 100; **sen** – 1.000; **ichi-man** – 10.000

Die japanische Währung heißt auf Japanisch **en** (円). Mittlerweile gibt es in japanischen Geschäften viele günstige Angebote. Längst kaufen Japaner nicht mehr nur Luxuswaren. Das Feilschen um Produkte und Preise ist in Japan aber immer noch tabu.

6

Tragen Sie die richtigen Wörter in die Lücken ein.

> ichi-man en • **chotto** • arimasu ka • kudasai • arimasu • mijikai • nagai • desu ka • ikura

1. **Kunde:** Kuroi kōto wa _arimasu ka_ ?

2. **Verkäuferin:** Hai, _arimasu_ . Kore wa ikaga _desu ka_ ?

3. **Kunde:** ~~Sore wa~~ _Chotto_ nagai desu ne.

4. **Verkäuferin:** Kore wa _mijikai_ desu. Ikaga desu ka?

5. **Kunde:** Ii desu. _Ikura_ desu ka?

6. **Verkäuferin:** _ichi-man en_ desu .

7. **Kunde:** Kore wo _kudasai_ .

   Verkäuferin: Dōmo arigatō gozaimasu.

Auch wenn es oft heißt, dass die Firma in Japan die Familie ersetzt, so spielen familiäre Beziehungen und deren Pflege doch eine große Rolle in Japan. Das wichtigste Fest, an dem die Familie zusammenkommt, ist das japanische **o-shōgatsu** (*Neujahrsfest*), das am ersten Januar gefeiert wird. Eine große Rolle spielt auch das Allerseelenfest Mitte August.

 1

Im Japanischen benutzt man für die einzelnen Familienmitglieder unterschiedliche Bezeichnungen – je nachdem, ob man über die eigenen Verwandten oder die des Gesprächspartners spricht.

	eigen	**fremd**
Kinder	**kodomo**	**o-ko-san**
Tochter	**musume**	**musume-san**
Sohn	**musuko**	**musuko-san**
Ehemann	**shujin**	**go-shujin**
Ehefrau	**tsuma**	**oku-san**

2  16

In welchen der folgenden Sätze wird über die Verwandten des Gesprächspartners gesprochen? Kreuzen Sie an.

1. ✗ Maeda-san, o-ko-san wa imasu ka?

2. ☐ Shujin wa bengo-shi desu.

> **kirei –**
> *hübsch*

3. ✕ Itō-san no go-shujin wa nihon-jin desu ka?

4. ✕ Musuko-san wa doko desu ka?

5. ▢ Musume wa gakusei desu.

6. ✕ Oku-san wa kirei desu.

3 → § 9

Wenn Sie auf eine Person oder Sache verweisen, die *anwesend* bzw. *vorhanden ist*, oder wenn Sie sagen möchten, dass Sie etwas *besitzen* oder *haben*, verwenden Sie die Verben **arimasu** und **imasu**.

Dabei wird zwischen lebendigen (**imasu**) und unbelebten Dingen (**arimasu**) unterschieden.

Būtsu wa arimasu.
Saifu wa arimasu.
Kodomo wa imasu.
Gotō-san wa imasu.

Ergänzen Sie:

1. Amerika-jin wa ___imasu___.

2. Tēburu wa ___arimasu___.

3. Musuko-san ___wa arimasu___.

4. Konpyūtā ___wa arimasu___.

arimasu

imasu

4 → 🔴 17 → § 23

Um Personen zu zählen, benutzt man im Japanischen nicht die üblichen Zahlen (→ Lektion 15), sondern spezielle Zähl-wörter:

1 Person	**hitori**	6 Personen	**rokunin**
2 Personen	**futari**	7 Personen	**nananin / shichinin**
3 Personen	**sannin**	8 Personen	**hachinin**
4 Personen	**yonin**	9 Personen	**kyūnin**
5 Personen	**gonin**	10 Personen	**jūnin**

Schauen Sie sich die Bilder an. Welches Zählwort beschreibt die Personenzahl?

1. _hiton_

2. _sannin_

3. _futan_

4. _yonin_

6 → § 4

Suzuki-san wa o-ko-san ga sannin imasu.
Herr Sukzuki hat drei Kinder.

In Zusammenhang mit dem Verb **imasu** wird das Subjekt mit **wa**, das Akkusativobjekt mit **ga** markiert. Die Angabe der Personenzahl folgt nach dem **ga**.

Setzen Sie **wa** und **ga** richtig ein:

1. Oda-san *wa* musuko-san *ga* futari imasu.

2. Petora-san *wa* musume-san *ga* yonin imasu.

Sofern klar ist, über wen oder was man spricht, kann man Subjekt und **wa** auch weglassen:

O-ko-san ga imasu ka? bedeutet *„Haben Sie Kinder?"*
O-ko-san wa imasu ka? bedeutet hingegen *„Sind die Kinder da?"*

7

Was passt zusammen? Ordnen Sie den Aussagen bzw. Fragen auf der linken Seite die richtige Antwort zu.

> petto –
> *Haustier,*
> **neko** – *Katze*

1. *C* Petto ga imasu ka?   **A** Kirei desu ne.

2. *D* Konpyūta wa arimasu ka?   **B** Hai, kodomo ga sannin imasu.

3. *B* O-ko-san ga imasu ka?   **C** Hai, neko ga imasu.

4. *A* Kore wa musume desu.   **D** Hai, arimasu.

Japaner legen sehr großen Wert auf gute Beziehungen. Kontroverse Diskussionen und offene Ablehnungen versucht man zu vermeiden. Im Falle einer Ablehnung sagt man lieber **chotto muzukashii desu** (*Das ist ein bisschen schwierig*) als **iie** (*nein*). Dagegen finden Ausdrücke, die Zustimmung und Wertschätzung ausdrücken, sehr häufig Anwendung, zum Beispiel **sō desu ne** („*Ja, so ist es, nicht wahr?*") oder **sō, sō** („*Ja, genau*").

Aus einem Adjektiv + **desu** können Sie einen kurzen Satz bilden. Wenn Sie den Satz mit der Satzschlusspartikel **ne** beschließen, verstärken Sie die Aussage und fordern Zustimmung ein: **O-share desu ne** (*Das ist aber schick!* oder: *Das ist schick, nicht wahr?*).

Lesen Sie die folgenden Sätze und lernen Sie ein paar neue Adjektive.

1. **O-share desu ne.** — *Das ist aber schick!*
2. **Hiroi desu ne.** — *Das ist aber groß/geräumig!*
3. **Akarui desu.** — *Das ist hell.*
4. **Kawaii desu ne.** — *Das ist süß/niedlich, nicht wahr?*
5. **Oishii desu ne.** — *Das ist lecker, nicht wahr?*
6. **Kirei desu.** — *Das ist schön/hübsch.*
7. **Ii desu ne.** — *Das ist gut/schön, nicht wahr?*
8. **Tanoshii desu ne.** — *Das macht aber Spaß!*

2

Vervollständigen Sie die Sätze mit geeigneten Adjektiven aus Übung 1.

kono –
dieses

Sushi wa oishii desu (ne).

1. Kodomo wa _Kawaii desu ne._
2. Kono wanpīsu wa _o-share desu ne._
3. Ima _wa hiroi desu ne._
4. Nihon-go _wa tanoshii desu ne._
5. Petora Myūrā-san _wa tanoshii desu ne._

kirei

3 → § 16

Im Japanischen gibt es zwei Gruppen von Adjektiven.

1. **i-Adjektive,** die immer auf **i** enden. Dem **i** muss immer ein **a, i, o** oder **u** vorangehen: **ak**a**i** *(rot)*, **kawa**i**i** *(niedlich)*, **kur**o**i** *(schwarz)*

2. **na-Adjektive,** die nicht auf **i** enden oder bei denen der **i**-Endung ein **e** vorangeht: **o-share** *(schick)*, **kirei** *(schön, hübsch)*

Wird ein Adjektiv als Attribut zum Hauptwort verwendet, muss bei **na-**Adjektiven die Partikel **na** angehängt werden. i-Adjektive bleiben unverändert.

Hiroi ima desu.   *Es ist ein geräumiges Wohnzimmer.*
O-share-na wanpīsu desu.   *Es ist ein schickes Kleid.*

4

Streichen Sie die jeweils falsche Form durch:

Kirei / kirei-na **sensei desu ne.**

Kuroi / kuroi-na **tīshatsu desu.**

O-share / o-share-na **apāto desu ne.**

Benri / benri-na **konpyūtā desu.**

Oishii / oishii-na **sake desu.**

Akai / akai-na **sētā desu.**

> sensei
> – Lehrer/in,
> benri –
> praktisch

5

Neben den verschiedenen Varianten von *Danke* sind dies einige der wichtigsten Wörter in der täglichen Kommunikation mit Japanern:

daijōbu	*in Ordnung*
sumimasen	*Entschuldigung. / Danke.*
dōzo	*Bitte sehr. Hier haben Sie.*

Welches Wort passt?

1. Im Restaurant rufen Sie den Kellner zu sich. _Sumimasen,_

2. Sie bieten jemandem einen Sitzplatz an. _Dozo_

3. Sie haben in der U-Bahn aus Versehen jemanden angerempelt.
Sumimasen,

4. Sie fragen einen Freund, der unwohl aussieht, ob es ihm gut geht. _Daijubu_ desu ka?

5. Sie signalisieren einem Gesprächspartner, dass Sie mit seinem Vorschlag einverstanden sind. _Daji Daijubu_ desu.

6. Sie überreichen jemandem ein Dokument. _Dozo_.

7. Die Kellnerin hat Ihnen ein Getränk gebracht. _Sumimasen_.

· · · · · **6** → 🎙 19

Lesen Sie den folgenden Dialog zwischen Herrn Maeda und Herrn Tezuka und beantworten Sie anschließend die Fragen.

> **uchi** – Haus,
> **Sō desu ka.** –
> _Ach so, finden Sie?_,
> **koko** – hier, **kyakuma**
> – Gästezimmer

Maeda: O-sharena uchi desu ne.

Tezuka: Sō desu ka. Arigatō gozaimasu. Kore wa ima desu.

Maeda: Hiroi desu ne.

Tezuka: Kore wa kyakuma desu.

Maeda: Akarui desu ne.

Herr Maeda findet das Haus von Herrn Tezuka

✗ **A** schick ◼ **B** schön

Das Wohnzimmer findet er   Das Gästezimmer ist

✗ **C** geräumig ◼ **D** gut   ◼ **E** hübsch ✗ **F** hell

Im beziehungsorientierten Japan spielen **o-miyage** (*Geschenke*) eine große Rolle. Als kleine Gastgeschenke eignen sich zum Beispiel einzeln verpackte Süßigkeiten, Lederwaren aus deutscher Produktion, kleine Zinnsoldaten oder Bildbände. Ideal sind auch Produkte und Souvenirs aus der eigenen Region. Fast wichtiger als der Inhalt ist eine sorgfältige und aufwändige Verpackung.

1 → 🔊 20

Empfangene Geschenke lobt man überschwänglich. Sagen Sie zum Beispiel:

ureshii – *glücklich, froh*

Ureshii desu. Dōmo arigatō gozaimashita.
Ich freue mich sehr. Vielen Dank.

Bedeutung und Wert der Gabe, die man selber schenkt, spielt man eher herunter. In Japan hört man oft:

Tsumaranai mono desu.   *Es ist nur eine Kleinigkeit.*

Zur Beziehungspflege gehört neben Ge-
schenken auch eine angemessene, wert-
schätzende Kommunikation. Über die
Stärken und Talente anderer Personen
äußert man sich sehr lobend. Das eigene
Licht stellt man hingegen gerne unter den

Scheffel – auch wenn man eine Sache wirklich gut beherrscht.
kenson (*Bescheidenheit*) gehört in Japan zum guten Ton.

Geschenke, Stärken und Schwächen

2

Vorlieben, Abneigungen oder Stärken drückt man mit folgenden **na-Adjektiven** aus.

suki *(mögen)*   **kirai** *(nicht mögen)*
jōzu *(etwas gut können)*   **heta** *(etwas nicht gut können)*

Mit den Partikeln **wa** und **ga** markieren Sie das Subjekt und Objekt im Satz. Subjekt + **wa** können entfallen:

(Watashi wa) sushi ga suki desu. *Ich mag Sushi.*
(Watashi wa) sushi ga kirai desu. *Ich mag Sushi nicht.*

Zur Verdeutlichung können Sie noch ein **dai** *(sehr)* vor **suki** und **kirai** setzen.

Sashimi ga daisuki desu.   *Ich liebe Sashimi.*
Sake ga daikirai desu.   *Ich hasse Sake!*

 3

Füllen Sie die Lücken mit **wa**, **ga** und **desu**.

1. Miki-san _wa_ baiorin _ga_ jōzu desu ne.
   Du kannst aber gut Geige spielen, Miki.

2. Musume _wa_ supōtsu _ga_ heta _desu_.
   Meine Tochter ist schlecht im Sport.

3. Sake _ga_ kirai _desu_.
   (Ich) mag keinen Sake.

12

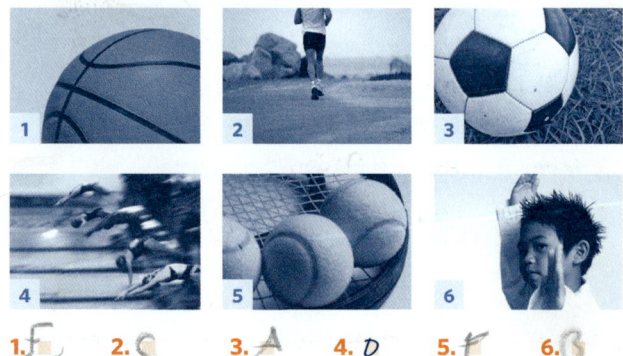

4

Übersetzen Sie.

kaimono – Einkaufen, sakkā – Fußball, ryōri – Kochen

1. **Eriko-san wa kaimono** _____.
   Eriko mag Einkaufen.

2. **Sakkā** _____. *Ich bin schlecht in Fußball.*

3. **Itoda-san wa ryōri** _____.
   Frau Itoda ist gut im Kochen.

4. **Sushi** _____. *Ich mag Sushi nicht.*

5 → 🔴 21

Lernen Sie Sportarten kennen. Verbinden Sie die Begriffe mit dem passenden Bild.

> **A** sakkā • **B** karate • **C** jogingu • **D** suiei • **E** basukettobōru • **F** tenisu

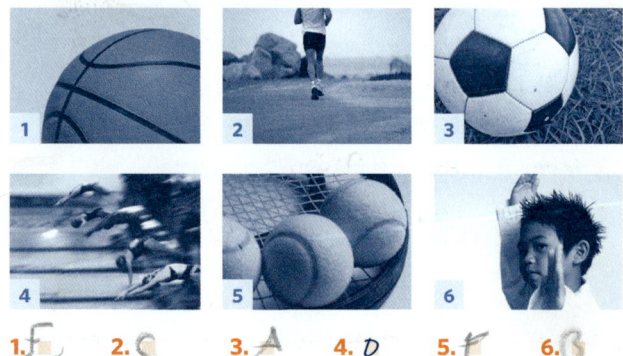

1   2   3

4   5   6

1. E   **2.** C   **3.** A   **4.** D   **5.** F   **6.** B

Geschenke, Stärken und Schwächen

6 → § 6

Tenisu wo shimasu. *(Ich) spiele Tennis.*

Durch Anhängen von **wo shimasu** lassen sich Tätigkeiten beschreiben. (→ Lektion 21) Ergänzen Sie:

1. Ryōri wo _shimasu._ *Ich koche.*

2. Sakkā _wo shimasu._ *Ich spiele Fußball.*

3. Kaimono _wo shimasu_ *Ich gehe Einkaufen*

4. Miki-san wa _jogingu desu_ *Miki joggt.*

wo shimasu

7

Ergänzen Sie die fehlenden Begriffe im Dialog.

1. Miki: O-miyage _desu_ , dōzo.

2. Maeda: Arigatō _gozaiman_

3. Miki: _Tsumaranai_ mono desu.

4. Miki: Ā, o-kashi desu. _____ desu.

5. Maeda: Miki- san, tenisu wo _imasu_ ka?

6. Miki: Hai, _imasu_ .

7. Maeda: Miki san _wa_ tenisu _ga_ jōzu desu _ka_ ?

8. Miki: Iie, tenisu _wa_ totemo _heta_ desu.

> o-kashi – *Süßigkeiten,*
> **totemo** – *sehr*

13

Oft stellen Restaurants in Vitrinen oder im Schaufenster täuschend echte Plastiknachbildungen der angebotenen Gerichte aus. Wenn es offene Fragen bei der Bestellung gibt, gehen Sie mit der Bedienung zum Schaukasten und zeigen einfach auf das gewünschte Gericht. In den meisten Restaurants wird man Ihnen einen Platz zuweisen. Nach dem Essen bezahlt man an der Kasse, nicht am Tisch. Unter Japanern ist es übrigens unüblich, die Rechnung zu teilen.

1 → 22

Hier sehen Sie einige Getränke abgebildet. Schreiben Sie die Namen der Getränke unter das jeweilige Bild.

sake • wain • o-cha • kōhī • jūsu • gyūnyū

1. _wain_ 2. _o-cha_ 3. _sake_

4. _kōhī_ 5. _jūsu_ 6. _gyūnyū_

Weitere Getränke sind

mineraruwōtā *Mineralwasser*   **kōcha** *Schwarzer Tee*

2

Vielen Speisen und Getränken geht die Silbe **o-** voraus. **o-** ist die sogenannte Höflichkeitsvorsilbe, die besonderen Respekt vor einer Sache oder Person ausdrückt. Sie wird zum Beispiel bei der Frage nach dem Namen einer fremden Person benutzt: **O-namae wa?** Wenn man im Japanischen von Sushi, Sashimi oder Sake spricht, sagt man in aller Regel auch **o-sushi**, **o-sashimi** und **o-sake**.

3

So funktioniert eine Bestellung:

| Kellnerin: | **Go-chūmon wa?** | *Was darf es sein?* |
| Gast: | **Bīru** wo kudasai. | *(Ein) Bier bitte.* |

(Partikel **wo** → Lektion 20)

4

Bestellen Sie die folgenden Speisen und Getränke.

1. Sushi   *O-sushi wo kudasai.*

2. Wein   *Wain wo kudasai.*

3. Kaffee   *Kōhī wo kudasai.*

5 → 🎧 23

Hier sehen Sie eine japanische Speisekarte. Einige Speisen
kennen Sie vielleicht schon.

sushi	*Roher Fisch auf Reis*
sashimi	*Roher Fisch*
yakitori	*Hühnerspieße*
tenpura	*Ausgebackene Gemüse / Meeresfrüchte*
karēraisu	*Curryreis*
rāmen	*Chinesische Nudeln*
yakisoba	*Gebratene Nudeln*
udon	*Dicke Weizennudeln*

Das Wort **to** ist eine Verbindungspartikel. **to** heißt *„und"*.
Was bestellen die Gäste? Kreuzen Sie an.

1. Rāmen to kōcha wo kudasai.
  ☒ **A** chinesische Nudeln und schwarzen Tee
  ☐ **B** Curryreis und grünen Tee

2. Yakisoba to bīru wo kudasai.
  ☒ **A** gebratene Nudeln und Bier
  ☐ **B** chinesische Nudeln und Bier

3. Udon to o-cha wo kudasai.
  ☐ **A** chinesische Nudeln und grünen Tee
  ☒ **B** dicke Weizennudeln und grünen Tee

7

Füllen Sie die Lücken im Dialog:

1. Kellner: Irasshai _mase_. Ā, Ohara-san, konnichi _wa_.
O-genki _desu ka_ ?

2. Gast: Arigatō _gozaimasu_. _Genki_ desu.

3. Kellner: Kochira e _dōzo_. Go-_chūmon_ wa?

4. Gast: O-sushi _to_ bīru wo _kudasai_.

8

So fragen Sie nach der Rechnung:

O-kanjō wo onegai shimasu. *Die Rechnung bitte.*

9 → § 22

Um Mengenangaben zu machen, benötigen Sie Zählwörter.
Sehen Sie hier die Zählwörter von 1 bis 5.

   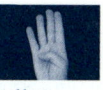 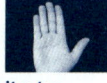

hitsotsu   **futatsu**   **mittsu**   **yottsu**   **itsutsu**

1. Bīru wo **hitotsu** kudasai.   *Bitte ein Bier.*

2. _Sushi wo mittsu kudasai_.   *Bitte dreimal Sushi.*

3. _Wain wo yottsu kudasai_.   *Bitte vier Wein.*

4. _Jūsu wo futatsu kudasai_.   *Bitte zweimal O-Saft.*

LÖSUNG

6 1A 2A 3B • **7** 1. mase, wa, desu ka 2. gozaimasu, Genki 3. dōzo, chūmon
4. to, kudasai. • **9** 2. O-sushi wo mittsu kudasai. 3. Wain wo yottsu kudasai.
4. Jūsu wo futatsu kudasai.

14

Gutes Benehmen bei Tisch ist in Japan nicht allzu schwierig, da es nur recht wenige strikte Regeln gibt. Dazu gehört, dass man die Stäbchen nicht senkrecht im Reis „parken" darf, denn dies erinnert an den Ritus von Beerdigungsfeierlichkeiten. Die Schüsseln für Misosuppe (eine klare Bohnensuppe) und Reis sollte man beim Essen anheben. Bei heißen Suppen – insbesondere bei Nudelsuppen – darf auch nach Herzenslust geschlürft werden. Lautes Schmatzen bei Tisch und vor allem Naseschnäuzen gehören hingegen nicht zum guten Ton. Wenn Sie etwas nicht mögen, kosten Sie nur einmal kurz und lassen die Speise dann ohne weiteren Kommentar stehen.

1

Der Gastgeber eröffnet das Essen mit den Worten:
Dōzo, meshi agatte kudasai.   *Bitte, greifen Sie zu.*

Die Gäste antworten:
Itadakimasu.   *Ich empfange das Essen.*

Itadakimasu wird oft mit „*Guten Appetit*" übersetzt. Das ist nicht falsch, trifft aber nicht ganz die japanische Bedeutung. Man bedankt sich mit diesem Ausdruck beim Gastgeber oder den „Göttern" für die Speisen.

Um das Essen zu loben, kann man sagen:
Oishii desu. oder **Oishii desu ne.** *Das ist aber lecker.*

Nach dem Essen sagt man zum Gastgeber:
Go-chisō sama deshita. *Vielen Dank für das Essen.*

Zum ersten Anstoßen ruft man
Kanpai. *Prost!*

2 → § 17

Bei der Verneinung von i-Adjektiven wird das Endungs-**i** durch
ein **-ku-nai** ersetzt.
takai desu heißt verneint: **taka**ku-nai** desu.**

O-sushi wa oishii desu ka? *Ist das Sushi lecker?*
O-sushi wa oishiku-nai desu. *Das Sushi ist nicht lecker.*

Eine Ausnahme bildet das i-Adjektiv **ii** *(gut)*. Hier heißt die
Verneinung **yoku-nai**.

3

Ergänzen Sie hinter dem Schrägstrich das i-Adjektiv in der ver-
neinten Form:

1. Sukāto wa mijikai / *mijikaku-nai* desu.

2. Ima wa hiroi / *hiroku-nai* desu.

3. Kore wa ii / *yoku-nai* desu.

4. Tenisu wa tanoshii / *tanoshiku-nai* desu.

5. Kono terebi wa takai / *takaka-nai* desu.

terebi –
Fernseher

4 → § 17

Die Verneinung von **na**-Adjektiven ist ganz einfach.
Man hängt einfach **dewa nai** an.

Benri desu wird zu **benri dewa nai.**

> benri –
> *praktisch*

5

Verneinen Sie die Adjektive. Welche Endung ist richtig:
ku-nai desu oder **dewa nai desu**?

1. Kono wanpīsu wa (o-share)   o-share dewa nai desu.

2. Itō-san no būtsu wa (kuroi)   *kurokunai desu*.

3. Kono tīshatsu wa (ii)   *yokunai desu*.

4. Sensei wa (kirei)   *kirei dewa nai*.

5. Tenisu ga (suki)   *suki dewa nai*.

6 → 24

Welcher Kommentar passt wo?

> **A** oishii desu • **B** Go-chisō-sama deshita. • **C** Kanpai •
> **D** meshi agatte kudasai • **E** Itadakimasu.

Gastgeberin: Kanpai!

1. Gast: *C* !

2. Gastgeberin: Dōzo, *D*.

3. Gast: *E*.

Gastgeberin: Oishii desu ka?

4. Gast: Hai, ____.

Gastgeberin: O-kawari wa ikaga desu ka?
(Möchten Sie noch etwas?)

5. Gast: Iie, kekkō desu. *(Nein, danke.)* ____.

Wichtig sind in Japan die Trinksitten. Schenken Sie sich niemals selber ein. Heben Sie Ihr Glas leicht, wenn Ihnen jemand ein Getränk anbietet. Ergreifen Sie danach die Gelegenheit, Ihrem Gegenüber einzuschenken. Lassen Sie Ihr Glas randvoll stehen, um zu signalisieren, dass Sie nicht mehr weitertrinken möchten.

7

In diesem kurzen Text können Sie lesen, was Herr Tanaka mag oder nicht mag, gut kann oder nicht gut kann. Kreuzen Sie danach unten die zutreffenden Aussagen an.

Tanaka-san wa supōtsu ga jōzu desu. Tenisu ga suki desu. Sakkā ga suki dewa nai desu. Tanaka-san wa tenpura ga suki desu. O-sushi ga suki dewa nai desu. Ryōri wa heta desu.

Herr Tanaka ist

A schlecht in Sport.	**D** mag Tenpura.
B mag Tennis nicht.	**E** mag Sushi nicht.
C mag Fußball nicht.	**F** kann nicht gut kochen.

LÖSUNG

5 2. kurzoku-nai desu, 3. yoku-nai desu 4. kirei dewa nai desu
5. suki dewa nai desu • **6** Zutreffend: C, D, E, F

Der Ausdruck **moshi moshi** ist nicht zuletzt durch die Fernseh-
werbung auch in Deutschland bekannt. **moshi moshi** heißt
„*Hallo*" und wird benutzt, um sich zu Beginn des Gesprächs zu
melden oder zwischendurch nachzuhören, ob der Gesprächs-
partner noch da ist. Die richtige Antwort auf moshi moshi ist
in diesem Fall **hai** (*ja*).

> **o-taku** –
> „*ehrenwertes*
> *Zuhause*", **ga** *aber*,
> **imasen** – *ist nicht da*,
> **ashita** – *morgen*,
> **wakarimashita** – *Verstan-*
> *den!*, **mata** – *wieder*,
> **o-denwa shimasu** –
> *Ich rufe an*

1

Frau Inoue ruft Frau Takada an. Sie möchte
deren Tochter Reiko sprechen. Übersetzen
Sie das Telefongespräch.

Takada:	Moshi moshi. _____Hallo_____.
Inoue:	Takada-san no o-taku desu ka?
	Ist das das Haus von Frau Takada?
Takada:	Hai, sō desu. Takada desu.
	Ja genau, Ich bin Frau Takeda.
Inoue:	Inoue desu. Sumimasen ga, Reiko-san wa imasu ka?
	Hier ist Fr. Inoue Entschuldigung
	ist Reiko da.

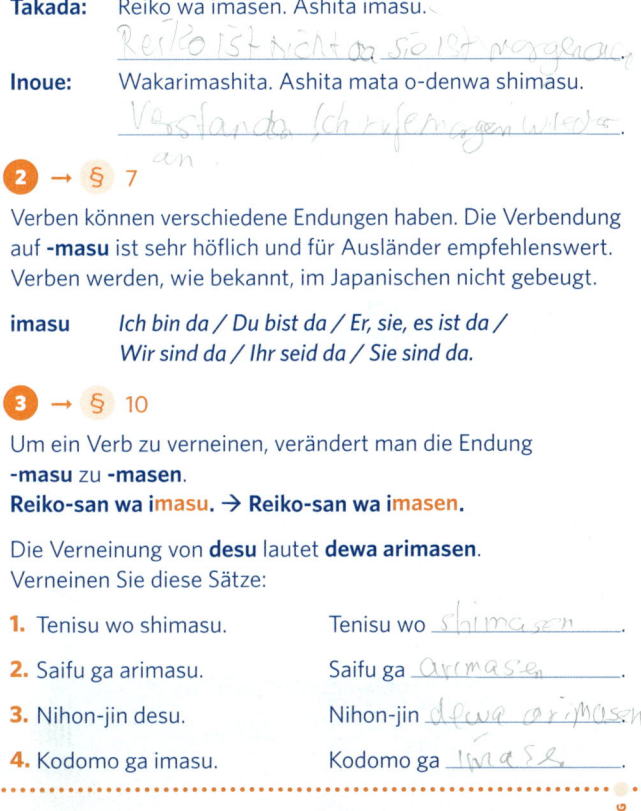

Takada: Reiko wa imasen. Ashita imasu.

Reiko ist nicht da, sie ist morgen da (handwritten)

Inoue: Wakarimashita. Ashita mata o-denwa shimasu.

Verstanda, Ich rufe morgen wieder an. (handwritten)

2 → § 7

Verben können verschiedene Endungen haben. Die Verbendung auf **-masu** ist sehr höflich und für Ausländer empfehlenswert. Verben werden, wie bekannt, im Japanischen nicht gebeugt.

imasu *Ich bin da / Du bist da / Er, sie, es ist da / Wir sind da / Ihr seid da / Sie sind da.*

3 → § 10

Um ein Verb zu verneinen, verändert man die Endung **-masu** zu **-masen**.
Reiko-san wa imasu. → Reiko-san wa imasen.

Die Verneinung von **desu** lautet **dewa arimasen**.
Verneinen Sie diese Sätze:

1. Tenisu wo shimasu.   Tenisu wo _shimasen_.

2. Saifu ga arimasu.   Saifu ga _arimasen_.

3. Nihon-jin desu.   Nihon-jin _dewa arimasen_.

4. Kodomo ga imasu.   Kodomo ga _imase_.

1 Hallo. – Ist das das Haus von Frau Takada? – Ja, genau. Ich bin Frau Takada. – Hier ist Inoue. Entschuldigung, aber ist Reiko da? – Reiko ist nicht da. Sie ist morgen da. – Verstanden! Ich rufe morgen wieder an. • **3** **1.** shimasen, **2.** arimasen **3.** dewa arimasen **4.** imasen

•••••• **4** → 🎙 25

Neben den Zählwörtern **hitotsu, futatsu** ... gibt es auch normale Zahlen. Man benutzt sie, um Dinge abzuzählen oder um Telefonnummern zu nennen.

0 zero	**1** ichi	**2** ni	**3** san	**4** yon	**5** go
	6 roku	**7** nana	**8** hachi	**9** kyū	

Die Zahl **4 shi** ist gleichlautend mit **shi** (*Tod*) und Unglück verheißend. In Krankenhäusern gibt es kein Zimmer mit der Nummer 4.

Für die Ziffern 4 und 7 gibt es zwei Lesungen.
4: **yon** oder **shi**   7: **nana** oder **shichi**

Bei Telefonnummern verwendet man immer **yon** und **nana**.

•••••• **5**

Verbinden Sie mit der richtigen Ziffernfolge.

1. roku – nana – go – ichi   **A** 4 – 5 – 2 – 3
2. roku – nana – kyū – go   **B** 1 – 8 – 7 – 4
3. ichi – hachi – san – kyū   **C** 6 – 7 – 5 – 1
4. yon – go – ni – san   **D** 4 – 5 – 3 – 2
5. yon – go – san – ni   **E** 1 – 8 – 3 – 9
6. ichi – hachi – nana – yon   **F** 6 – 7 – 9 – 5

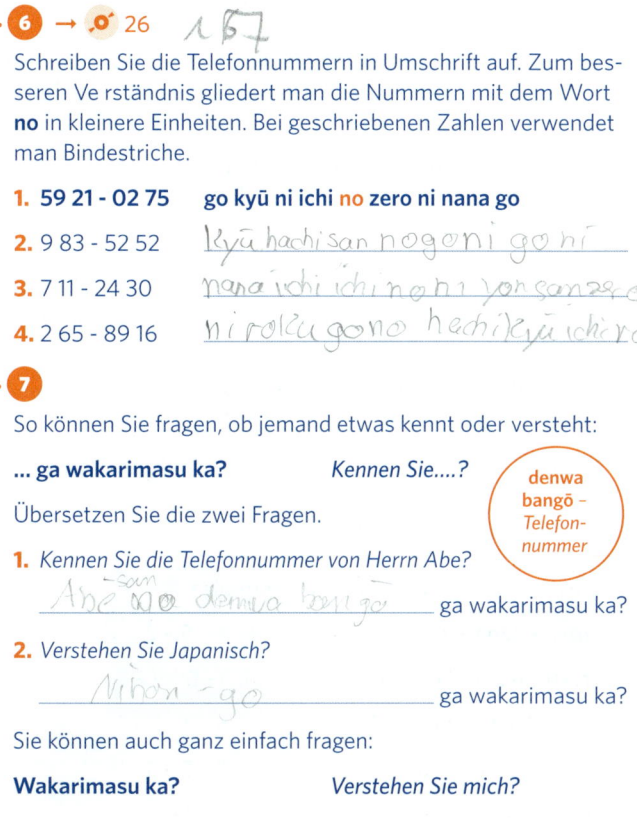

6 → **26** ⟨167⟩

Schreiben Sie die Telefonnummern in Umschrift auf. Zum besseren Verständnis gliedert man die Nummern mit dem Wort **no** in kleinere Einheiten. Bei geschriebenen Zahlen verwendet man Bindestriche.

1. 59 21 - 02 75   **go kyū ni ichi no zero ni nana go**

2. 9 83 - 52 52   *Kyū hachi san no go ni go ni*

3. 7 11 - 24 30   *nana ichi ichi no hi yon san zeo*

4. 2 65 - 89 16   *ni roku go no hachi kyū ichi roku*

7

So können Sie fragen, ob jemand etwas kennt oder versteht:

... ga wakarimasu ka?   *Kennen Sie....?*

⟨ denwa bangō – *Telefon-nummer* ⟩

Übersetzen Sie die zwei Fragen.

1. *Kennen Sie die Telefonnummer von Herrn Abe?*

Abe -san no denwa bango ga wakarimasu ka?

2. *Verstehen Sie Japanisch?*

Nihon-go ga wakarimasu ka?

Sie können auch ganz einfach fragen:

Wakarimasu ka?   *Verstehen Sie mich?*

LÖSUNG

5 1C, 2F, 3E, 4A, 5D, 6B • **6** 2. kyū hachi san no go ni go ni 3. nana ichi ichi no ni yon san zero 4. ni roku go no hachi kyū ichi roku • **7** 1. Abe-san no denwa bangō 2. Nihon-go

Der öffentliche Verkehr ist in Japan sehr gut organisiert. An den Bahnhöfen und U-Bahnstationen finden Sie über den Fahrkarten- automaten eine Karte (meistens auch eine englische), auf der Ihr derzeitiger Standort markiert ist. Von hier aus suchen Sie die Zielstation ihrer Zugfahrt und finden dort auch den Fahrpreis vermerkt. Sollten Sie einmal nicht den Zielort auf der Karte fin- den, kaufen Sie einfach das günstigste Ticket. Am Zielort können Sie am „Fare-Adjustment-Schalter" ganz einfach nachzahlen.

  → 27

Um zu beschreiben, wie man sich fortbewegt, kombiniert man den Namen des Verkehrsmittels mit den Verben **ikimasu** *(gehen, fahren, sich fortbewegen mit)* oder **kimasu** *(kommen)* und der Partikel **de.**

Vervollständigen Sie die Sätze.

Basu de ikimasu.

Kuruma _de ikimasu_.

Hikōki *de ikimasu*. **Takushī** *de ikimasu*.

Andere Fortbewegungsmittel sind:

jitensha *Fahrrad*   **baiku** *Motorrad*   **densha** *Bahn*

Zu Fuß gehen heißt **aruki de ikimasu**.

2

Sind die deutschen Übersetzungen richtig oder falsch?

1. Musume wa jitensha de ikimasu.
   Die Tochter fährt mit dem Fahrrad.   R ✗   F ▢

2. Terada-san wa kuruma de ikimasu.
   Herr Terada fliegt mit dem Flugzeug.   R ▢   F ✗

3 → § 4

Die Instrumentalpartikel **de** zeigt an, dass man etwas mit oder mit Hilfe von etwas tut. Sie können **de** bei Verkehrsmitteln, aber auch zusammen mit anderen „Instrumenten" (mit denen Sie z. B. essen, schreiben oder sehen) verwenden.

Kuruma de ikimasu   *mit dem Auto fahren*

4

Wenn man in japanischen Großstädten die Orientierung verliert, helfen Straßennamen und Postadressen nicht weiter. Man orientiert sich an Landmarken, z. B. an großen Geschäften, auffälligen Gebäuden oder Parks. Ordnen Sie zu:

> **kōen** – *Park* • **konbini** – *24-Stunden-Laden* • **sūpā** – *Supermarkt* • **hoteru** – *Hotel*

1. hoteru

2. Kōen

3. Konbini

4. sūpā

 5 → **§** 19

So können Sie Ortsangaben machen:

mae – *vor*; **tonari** – *neben*; **migi** – *rechts*; **hidari** – *links*; **ushiro** – *hinter*

Die Ortsangaben stehen im Japanischen hinter dem jeweiligen Wort, das sie näher beschreiben, und werden mit der Partikel **no** angebunden. Es ist genau umgekehrt wie im Deutschen!

hoteru no tonari   *neben dem Hotel*

Verbinden Sie und ergänzen Sie die Übersetzung:

1. basu no ushiro
2. hoteru no tonari
3. sūpā no mae

3 **A** *vor dem* Supermarkt
1 **B** *hinter dem* Bus
2 **C** *neben dem* Hotel

7 → § 4, 9

Um zu sagen, dass sich etwas oder jemand an einem bestimmten Ort befindet, benötigt man die Verben **imasu** und **arimasu** und die nachgestellte Ortspartikel **ni**:

Asano-san wa ofisu ni imasu. *(Herr Asano ist im Büro.)*

Ueno kōen wa Tōkyō ni **arimasu.** *(Der Ueno-Park ist in Tokyo.)*

8

Bilden Sie aus diesen Bausteinen korrekte Sätze:

1. hoteru wa / ni arimasu / kōen no migi
(Das Hotel liegt rechts neben dem Park.)

Hotera wa Kōen no mig ni arimasu.

2. ni arimasu / konbini no hidari / sūpā wa
(Der Supermarkt befindet sich links neben dem 24-Stunden-Laden.)

sūpā wa Konbini no hidari ni arimas

LÖSUNG

4 1. hoteru, 2. kōen, 3. konbini 4. sūpā • **6** 1B Bus, 2C Hotel, 3A Supermarkt •
7 ni • **8** 1. Hoteru wa kōen no migi ni arimasu, 2. Sūpā wa konbini no hidari
ni arimasu

Übernachten kann man in Japan auf sehr unterschiedliche Art und Weise. Die meisten Geschäftsleute und Touristen kommen in **bijinesu hoteru** (*Businesshotels*) unter. Mindestens einmal sollte man in einem **ryokan** übernachten, einem japanischen Gasthaus mit traditioneller Ausstattung. Günstiger sind üblicherweise **minshuku** – *Pensionen* im Bed-and-Breakfast-Stil, oftmals auch mit Familienanschluss. Wer sehr auf das Budget achten muss und mutig ist, kann sich in einem **kapseru hoteru** (*Kapselhotel*) einmieten. Dort gibt es kleine Schlafkästen im Format 2 x 1 x 1 Meter – nichts für Menschen mit Platzangst.

1 → § 4

Die Partikel **ni** hat mehrere Funktionen. Sie zeigt einerseits an, wo eine Person oder ein Gegenstand sich befindet (Ortsfunktion). Sie hat aber auch eine Zielfunktion und gibt an, wohin man geht oder fährt.

2

Ergänzen Sie die Sätze:

> tomaru / tomarimasu – übernachten

1. Hoteru ni tomarimasu.　*Ich übernachte im Hotel.*

2. _Ryokan_ ni _tomarimasu_　*Ich übernachte im Ryokan.*

3. Kyōto ni ikimasu.　*Ich fahre nach Kyoto.*

4. _Nikko_ ni ikimasu.　_Ich fahre_ *nach Nikko.*

3

Handelt es sich um ein **ni** mit Zielfunktion (Z) oder mit Ortsfunktion (O)? Notieren Sie das jeweilige Kürzel.

> eki – *Bahnhof*

1. O Hoteru wa eki no mae ni arimasu.
2. Z Osaka ni ikimasu.
3. O Harada-san ni o-denwa shimasu.
4. Z Bijinesu-hoteru ni tomarimasu ka?

4 → ⚙ 28

Auch im Hotelwesen gibt es zahlreiche Anglizismen. Verbinden Sie sie mit der richtigen deutschen Übersetzung.

> heya – *Zimmer*

1. chekku auto　　　　A *Einzelzimmer*
2. chekku in　　　　　B *Reisepass*
3. shinguru no heya　 C *Check-in*
4. daburu no heya　　 D *Check-out*
5. pasupōto　　　　　E *Doppelzimmer*

5 → 🔊 29

Lesen Sie diesen Dialog zwischen einer Hotel-
rezeptionistin und einem Gast.

> mada –
> *noch*, **ippaku**
> – *eine Übernachtung*,
> **nihaku** – *zwei Über-*
> *nachtungen*, **de yoroshii**
> **desu ka?** – *Ist ... recht?*,
> **wo yoyaku shimasu**
> – *reservieren*

Gast: Sumimasen. Heya wa mada
arimasu ka?

Hotel: Hai, arimasu. Ippaku tomarimasu
ka?

Gast: Iie, nihaku tomari**tai desu**.

Hotel: Daburu no heya de yoroshii desu ka?

Gast: Shinguru no heya wo yoyaku shi**tai** desu.

Hotel: Hai, wakarimashita. Pasupōto wo onegai shimasu.

Kreuzen Sie nun die richtigen Aussagen an:

1. Der Gast möchte

    ☒ **A** eine Nacht bleiben
    ☒ **B** zwei Nächte bleiben

2. Er möchte ein

    ☒ **A** Einzelzimmer
    ☐ **B** Doppelzimmer

6 → § 12

Im obigen Dialog versteckt sich eine neue grammatische Konstruktion**: -tai desu**. Diese Verbform bringt zum Ausdruck, dass man etwas tun möchte.

Um diese Form zu bilden, trennt man die **masu**-Endung der Verben ab und ersetzt sie durch **-tai desu**.

Tenisu wo **shitai desu**.   *Ich möchte Tennis spielen.*

Kyōtō ni **ikitai desu**.   *Ich möche nach Kyōtō fahren.*

Nihaku tomari *tai desu*.   *Ich möchte zwei Nächte bleiben.*

7

Vervollständigen Sie die japanischen Sätze und ihre Übersetzungen.

1. Shinguru no heya wo *yoyaku shitai desu*

     Ich möchte *ein Einzelzimmer* *reservieren.*

2. Chekku-auto shi *tai desu*

     Ich möchte *ausschecken.*

3. Ippaku *tomaritai* *shitai* *desu*

     Ich möchte *eine Nacht* *bleiben.*

LÖSUNG

5 1B, 2A • **6** tai desu • **7** 1. ... yoyaku shitai desu / ... ein Einzelzimmer reservieren. 2. ... tai desu / ... auschecken **3.** tomaritai desu / ... eine Nacht

Japaner lieben die Pünktlichkeit. Das belegt nicht zuletzt die japanische Bahn. Auch bei einer Verspätung von nur einer Minute werden die Fahrgäste höflich informiert und in aller Form um Verzeihung gebeten. Das ist man aus japanischer Sicht den Kunden schuldig. Auch im Geschäftsleben und im privaten Bereich gilt daher: Planen Sie reichlich Zeit ein, um pünktlich erscheinen zu können. Das ist insbesondere in Tokyo nicht immer leicht. Viele Adressen sind (auch für Einheimische) nur schwer zu finden, da eine durchgehende Hausnummerierung und häufig auch Straßennamen fehlen.

 →  30

Wenn Sie sich verabreden, vereinbaren Sie neben einem Treffpunkt auch einen Zeitpunkt. Für die Uhrzeit benötigen wir größere Zahlen. Dazu fehlen Ihnen nur noch die Zehnerschritte:

10	**jū**	20	**nijū**	30	**sanjū**
40	**yonjū**	50	**gojū**	60	**rokujū**
70	**nanajū**	80	**hachijū**	90	**kyūjū**

2 → § 20

Die Bildung der japanischen Zahlen ist ganz einfach. 20, 30, 40 etc. bildet man durch „Multiplikation" von 10 (jū):

20 = 2 x 10 = **nijū**, 30 = 3 x 10 = **sanjū**, 40 = 4 x 10 = **yonjū** etc.

Die Einer erhält man durch „Addition":

13 = 10 + 3 = **jūsan, 14** = 10 + 4 = **jūyon**

3

Verbinden Sie mit der richtigen Übersetzung

1. 71	*5*	**A**	jūkyū
2. 86	*4*	**B**	kyūjūkyū
3. 42	*1*	**C**	nanajūichi
4. 99	*2*	**D**	hachijūroku
5. 19	*6*	**E**	jūichi
6. 11	*3*	**F**	yonjūni

4

Versuchen Sie, die folgenden Zahlen selbst zu bilden.

1. 15 *gogta*   **4.** 64 *rokujūyon*   **7.** 20 *nijū*

2. 37 *sanjinana* **5.** 25 *nijūgo*   **8.** 53 *gojūsan*

3. 12 *jūni*   **6.** 17 *jūnana*   **9.** 98 *kyūjūhachi*

.... **5**

Achtung, manchmal gibt es mehrere Lesungsmöglichkeiten für
eine Zahl. Die **4** kann **yon**, **yo** oder **shi** gelesen werden. Die **7**
kann **shichi** oder **nana** gelesen werden. Bei Telefonnummern
sagt man **yon** und **nana**. Für andere Zahlenkombinationen lernen
Sie die richtige Lesung am besten auswendig.

.... **6** → 🕐 31 → § 20, 21

Die Uhrzeiten werden ganz regelmäßig und logisch gebildet.
An die Zahlen von 1 bis 12 wird das Suffix **ji** für *Uhr* angehängt:
Ergänzen Sie die fehlenden Uhrzeiten:

ichiji	*(1 Uhr)*	**goji**	*(5 Uhr)*	**kuji**	*(9 Uhr)*
niji	*(2 Uhr)*	*rokuji*	*(6 Uhr)*	*jūji*	*(10 Uhr)*
sanji	*(3 Uhr)*	**shichiji**	*(7 Uhr)*	**jūichiji**	*(11 Uhr)*
yoji	*(4 Uhr)*	*hachiji*	*(8 Uhr)*	**jūniji**	*(12 Uhr)*

.... **7**

Merken Sie sich vor allem die besonderen Lesungen für die
Zahlen **4**, **7** und **9** bei den Uhrzeiten:

yoji – *4 Uhr*   **shichiji** – *7 Uhr*   **kuji** – *9 Uhr*

Die *halbe Stunde* wird mit dem Wort **han** angezeigt und zur
vollen Stunde addiert: **ichiji han** ist also *halb zwei* (1:30 Uhr
oder 13:30 Uhr).

Ordnen Sie den folgenden Bildern die richtigen Uhrzeiten zu:

A jūji han • **B** ichiji • **C** goji han • **D** niji han

1 B   2 D   3 C   4 A

Bilden Sie diese Uhrzeiten selber:

1. Sanji han   2. yoji   3. Shichiji   4. jūichiji

Um zu erklären, wann Sie etwas tun, benutzen Sie die Partikel **ni** für die Zeitangabe:

Sanji **ni** tenisu wo shimasu.   *(Um drei Uhr spiele ich Tennis.)*

Yoji ni kaimono wo shimasu.   *(Um vier Uhr gehe ich einkaufen.)*

LÖSUNG

6 sanji, rokuji, hachiji, jūji • **8** 1B, 2D, 3C, 4A • **9** 1. sanji han, 2. yoji,
3. shichiji, 4. jūichiji • **10** ni

Japaner sprechen gerne Einladungen aus. Formulierungen wie „Wir müssen unbedingt einmal zusammen essen" oder „Bitte besuchen Sie uns bald" sind aber nur höfliche Floskeln und keinesfalls verbindlich. Erst wenn Uhrzeit und Treffpunkt konkret genannt werden, ist eine Einladung wirklich ernst gemeint. In Japan trifft man sich – auch aufgrund der oftmals beengten Wohnverhältnisse – kaum in privaten Wohnungen. Üblicher sind Verabredungen im Restaurant oder in Cafés. Sie können japanische Freunde oder Geschäftspartner aber ohne Bedenken im eigenen Land zu sich nach Hause einladen. Japaner interessieren sich sehr für unsere Wohnkultur und empfinden eine private Einladung als Ehre.

1

Sie möchten mit einem Freund oder einer Freundin etwas unternehmen. So können Sie sich verabreden:

Sanji ni tenisu wo shimasu ka? *Wollen wir um drei Uhr Tennis spielen?*

Stellen Sie Fragen nach demselben Muster.

1. kaimono wo shimasu:

juji han ni kamono wo ?
shimasa ka?

2. jogingu wo shimasu:

ichiji ni joginga wo ?
shimasa ka?

3. sūpā ni ikimasu:

roku ji han ni sūpā nio ?
ikimasu ka ?

Mit **nanji** (*wie viel Uhr?*) können Sie nach der Uhrzeit fragen:

Nanji desu ka?	*Wie spät ist es?*
Nanji ga ii desu ka?	*Wann passt es Ihnen?*

So können Sie einem Terminvorschlag zustimmen:

Sanji wa ii desu yo.   *Drei Uhr passt schon.*

3 → § 5

yo ist eine Partikel, die am Satzende benutzt wird. Sie lässt sich mit den deutschen Wörtern *doch* oder *schon* übersetzen. **yo** wird benutzt, wenn man seine Meinung bekräftigen möchte.

Takai desu yo.	*Das ist doch teuer!*
Daijōbu desu yo.	*Das ist schon in Ordnung.*

4

So können Sie einen Vorschlag ablehnen:

Sanji wa chotto muri desu.   *Drei Uhr ist etwas ungünstig.*

Und so machen Sie einen alternativen Vorschlag:

Yoji de mo ii desu ka?   *Wäre vier Uhr auch in Ordnung?*

5

Füllen Sie die Lücken im Dialog aus.

1. A: Goji han _ni_ sakkā wo shimasu ka?

2. B: Goji han wa chotto _muri_ desu. Rokuji _demo_ ii desu ka?

3. A: Rokuji wa ii _desu_ yo!

6 → 🎧 32

Lesen Sie den folgenden Telefon-Dialog
zwischen Herrn Maeda und Tanpo Miki.

> **anō –**
> *also,* **kyō –**
> *heute,* **rihāsaru –**
> *Probe (Rehearsal),*
> **made –** *bis,* **kara –**
> *ab,* **hima desu –**
> *frei haben*

Miki:	Moshi moshi.
Maeda:	Anō, Tanpo-san no o-taku desu ka?
Miki:	Hai, Tanpo Miki desu.
Maeda:	Maeda desu ga. Anō, sumimasen ga, kyō no sanji wa chotto muri desu. Yoji de mo ii desu ka?
Miki:	Yoji desu ka? Goji made rihāsaru ga arimasu. Rokuji kara hima desu.

Wählen Sie nun die richtigen Aussagen aus:

1. ☐ **A** Miki ruft Maeda an. ☒ **B** Maeda ruft Miki an.

2. ☐ **A** Miki ist in der Firma. ☒ **B** Miki ist zu Hause.

3. Für Herrn Maeda ist ☒ **A** drei Uhr ☐ **B** vier Uhr ungünstig.

4. Er möchte die Verabredung auf ☒ **A** vier Uhr ☐ **B** fünf Uhr verlegen.

5. Miki hat ☒ **A** bis ☒ **B** ab fünf Uhr eine Probe.

6. Sie ist ab ☐ **A** fünf Uhr ☒ **B** sechs Uhr frei.

---

7 → **§** 4

Heute um drei Uhr
heißt
Kyō no sanji ni

8

Setzen Sie **no** und **ni** richtig ein:

1. Kyō _no_ jūniji _ni_ ryōri wo shimasu.

2. Kayōbi _no_ goji han _ni_ Kyōto _ni_ ikimasu.

3. Ashita _no_ sanji _ni_ rihāsaru ga arimasu.

4. Shichiji _ni_ sensei _no_ o-taku _ni_ pātī ga arimasu.

5. Kyō _no_ yoji _ni_ kaimono wo shimasu.

> **kayōbi**
> *– Dienstag,*
> **ashita** *–*
> *morgen,* **pātī**
> *– Party*

LÖSUNG

5 1. ni 2. muri 3. de mo 4. desu • **6** 1B, 2B, 3A, 4A, 5A, 6B
8 1. no, ni 2. no, ni, ni 3. no, ni 4. ni, no, ni 5. no, ni

Das Leben in Japans Städten ist schnell und aus westlichen Augen oft auch sehr hektisch. Überall wimmelt es von Menschen, die emsig ihren Beschäftigungen nachgehen. Umso erstaunlicher ist es, dass die Japaner auf der anderen Seite überall ein Nickerchen einlegen können. In der U-Bahn oder auch im Business-Meeting ist es keine Seltenheit, auf Menschen zu treffen, die sich ein kurzes „Power-Napping" gönnen. Schlafgewohnheiten sind in Japan anders als bei uns. Man schläft weniger lange am Stück, sondern nimmt sich zwischendurch kleine Auszeiten.

······ **1** → 33

In diesen Bildern geht es um den Tagesablauf von Tanpo Miki. Ergänzen Sie die Sätze mit dem passenden Verb.

> **mainichi** – *jeden Tag*, **okimasu** – *aufstehen*, **goro** – *gegen*, **asa go-han** – *Frühstück*, **tabemasu** – *essen*, **soshite** – *danach*, **shinbun** – *Zeitung*, **yomimasu** – *lesen*, **yoru** – *Abend*, **ī-mēru** – *E-Mail*, **kakimasu** – *schreiben*

1. Miki-san wa mainichi, rokuji ni

okimasu .

2. Rokuji han goro asa go-han wo

tabemasu .

3. Soshite, shinbun wo

yomimasu .

4. Yoru, konpyūtā de ī-mēru wo

kakimasu .

2 → § 4

Die Partikel **wo** ist die sogenannte Akkusativpartikel. Sie wird benutzt, um den deutschen 4. Fall (wen oder was?) anzuzeigen.

Miki-san wa asa go-han wo tabemasu. _Miki isst Frühstück._

Shinbun _wo_ **yomimasu.** _Ich lese die Zeitung._

3

Bringen Sie diese Sätze in die richtige Reihenfolge.

1. sensei / sushi / wa / tabemasu / wo

sensei wa sushi wo tabemasu.

2. shinbun / yomimasu / wo / wa / Maeda-san

Maeda-san wa shinbun wo yomimasu.

3. wa / wo / ī-mēru / Itō-san / kakimasu

Itō-san wa ī-mēru wo kakimasu.

LÖSUNG

3. Itō-san wa ī-mēru wo kakimasu.

3 1. Sensei wa sushi wo tabemasu. **2.** Maeda-san wa shinbun wo yomimasu.

1 1. okimasu **2.** tabemasu **3.** yomimasu **4.** kakimasu • **2** wo •

●●●●●● **4**

Hier finden Sie eine Liste wichtiger Verben. Einige kennen Sie schon, andere noch nicht. Füllen Sie die Lücken aus.

1. **kaimasu**   *kaufen*

2. **yomimasu**   *lesen*

3. **nomi**masu   *trinken*

4. **okimasu**   *aufstehen*

5. **kaki**masu   *schreiben*

6. **tabe**masu   *essen*

7. **iki**masu   *gehen / fahren*

●●●●●● **5**

Was tun diese Leute? Ordnen Sie das passende Verb zu.

> kakimasu • kaimasu • nomimasu • yomimasu

1. nomimasu

2. yomimasu

3. _Kakimas_

4. _Kimaso_

6

Ergänzen Sie Partikeln und Verben und übersetzen Sie.

1. O-sushi _____ _____.

_____.

2. Mainichi bīru _____ _____.

_____.

3. Maeda-san _____ hon _____ _____.

_____.

4. Akai burausu _____ _____.

_____.

5. Nagai ī-mēru _____ _____.

_____.

Hobbys sind ein sehr dankbarer Gegenstand für Smalltalk in Japan. Denn das Thema ist unverfänglich und führt wohl kaum zu Kontroversen. Ein sehr beliebtes Hobby vieler Japaner ist übrigens der Besuch von **onsen** (*heißen Badequellen*). Viele dieser Quellen haben angeschlossene Hotels und eignen sich perfekt für ein echt japanisches Wellness-Wochenende.

 1

Die Bezeichnungen vieler Hobbys und Sportarten stammen aus dem Englischen. Ordnen Sie zu.

1. sukī	____	**A**	*Golf*
2. haikingu	____	**B**	*Badminton*
3. gorufu	____	**C**	*Ski*
4. pinpon	____	**D**	*Radfahren*
5. badominton	____	**E**	*Bergwandern*
6. saikuringu	____	**F**	*Tischtennis*

Um auszudrücken, dass Sie eine Sportart betreiben, benutzen Sie die Konstruktion **wo shimasu** (→ siehe auch Lektion 12).
Sukī wo shimasu. *Ich fahre Ski.*

Um auszudrücken, dass Sie eine Sportart beherrschen oder können, benutzen Sie **ga dekimasu**.
Sukī ga dekimasu. *Ich kann Skifahren.*

Um auszudrücken, dass man etwas mag oder nicht mag, benutzt man die Formulierung (→ siehe Lektion 12):
... ga suki desu. *Ich mag ...*
... ga kirai desu. *Ich mag ... nicht.*

Ordnen Sie die Übersetzungen zu.

1. Badominton ga dekimasu.   **A** *Ich spiele Tischtennis.*
2. Badominton ga dekimasen.   **B** *Fahren Sie Rad?*
3. Saikuringu ga suki desu ka?   **C** *Ich mag Badminton nicht.*
4. Pinpon wo shimasu.   **D** *Ich kann Badminton spielen.*
5. Saikuringu wo shimasu ka?   **E** *Ich kann nicht Badminton spielen.*
6. Pinpon wo shimasen.   **F** *Ich kann nicht Radfahren.*
7. Badominton ga kirai desu.   **G** *Mögen Sie Radfahren?*
8. Saikuringu ga dekimasen.   **H** *Ich spiele kein Tischtennis.*

LÖSUNG 1 1C, 2E, 3A, 4F, 5B, 6D • 5 1D, 2E, 3G, 4A, 5B, 6H, 7C, 8F

6

Auch viele Musikinstrumente tragen Namen, die dem Englischen entnommen sind:

piano – *Klavier*

baioin – *Violine*

Piano wo hikimasu.
Ich spiele Klavier.

Baioin wo hikimasu.
Ich spiele Geige.

7 → **§** 13

So können Sie anderen Personen eine gemeinsame Tätigkeit vorschlagen:

Tenisu wo shimashō.

Lass uns / Lassen Sie uns Tennis spielen.

Tenisu wo shimashō ka?

Wollen wir Tennis spielen?

Um einen Vorschlag im Sinne des deutschen „*Lassen Sie uns …*" zu formulieren, streichen Sie die **masu**-Endung des Verbs und ersetzen sie durch die Endung -**mashō**.

8

Ordnen Sie zu und ergänzen Sie den japanischen Text.

1. O-cha wo _____.   ____ **A** *Lassen Sie uns Violine spielen.*

2. _____ wo kaimashō.   ____ **B** *Lassen Sie uns Tee trinken.*

3. Baiorin wo _____.   ____ **C** *Lassen Sie uns Bergwandern.*

4. _____ wo shimashō.   ____ **D** *Lassen Sie uns eine Zeitung kaufen.*

9 → 🎧 34

Lesen Sie den Dialog zwischen Herrn Terada und Frau Ōno.

Terada:	Ōno-san, ashita no yoru, karaoke ni ikimashō ka?
Ōno:	Nanji ga ii desu ka?
Terada:	Rokuji made mītingu ga arimasu. Rokuji han kara hima desu.
Ōno:	Sore de wa, shichiji ni aimashō.
Terada:	Wakarimashita. Tanoshimi ni shite imasu.

> **nan-ji** –
> *um wie viel Uhr*, **mītingu** –
> *Meeting/Konferenz*,
> **au, aimasu** – *sich treffen*, **tanoshimi ni shite imasu** – *ich freue mich*

Streichen Sie falsche Aussagen:

1. Herr Terada und Frau Ono wollen heute Abend zum Karaoke gehen.

2. Frau Ōno hat ab 18:00 Uhr ein Meeting.

3. Herr Terada ist ab halb sieben frei.

4. Die beiden treffen sich um 19.30 Uhr.

22

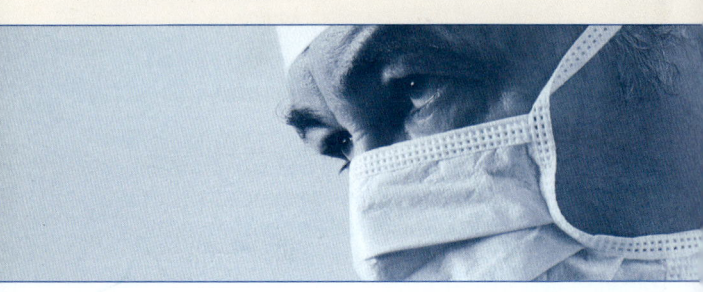

Wenn Sie in Japan einen Arzt aufsuchen, müssen Sie in der Regel vor der Untersuchung an der Rezeption ein Aufnahmeformular ausfüllen und eine Versicherungs- oder Kreditkarte vorweisen. Dann warten Sie, bis Sie aufgerufen werden. Sofern der Arzt Sie nicht direkt mit nötigen Medikamenten versorgt, erhalten Sie ein Rezept, das Sie in Krankenhäusern oder Apotheken einlösen können.

 1

Hier eine Übersicht der wichtigsten Körperteile:

atama	*Kopf*	**mimi**	*Ohr*
kuchi	*Mund*	**nodo**	*Hals*
senaka	*Rücken*	**onaka**	*Bauch*
ashi	*Bein*	**ashi**	*Fuß*
te	*Hand*	**ude**	*Arm*

Haben Sie's bemerkt? Im Japanischen heißt **ashi** sowohl *Fuß* als auch *Bein.*

Beim Krankenbesuch ist es nicht üblich, **O-genki desu ka?** (*Wie geht es?*) zu verwenden. Stattdessen fragt man:

O-kagen wa ikaga desu ka?   *Wie ist dein / Ihr Befinden?*

Um auszudrücken, dass etwas weh tut, sagt man:

(Watashi wa).... ga itai desu.   *Mir tut .... weh.*

 → 35

Drücken Sie aus, dass Sie Schmerzen an den folgenden Körperteilen haben:

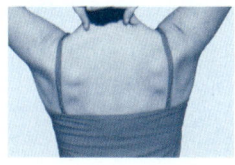

1. _____   **2.** _____

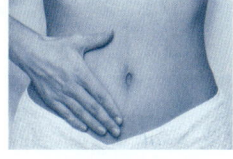

3. _____   **4.** _____

LÖSUNG

3 **1.** Atama ga itai desu. **2.** Senaka ga itai desu. **3.** Onaka ga itai desu. **4.** Ashi ga itai desu.

Im folgenden Dialog fragt ein Arzt einen Patienten nach dem Befinden. Ordnen Sie die deutschen Übersetzungen richtig zu.

> **A** *Mein Magen tut immer noch weh.* • **B** *Guten Tag.* •
> **C** *Ich fühle mich immer noch schlapp.* • **D** *Ich habe keinen Appetit.* •
> **E** *Wie ist Ihr Befinden?* • **F** *Vielen Dank.*

Arzt: **1.** ___ Konnichiwa.

2. ___ O-kagen wa ikaga desu ka?

Patient: **3.** ___ Arigatō gozaimasu.

4. ___ Mada karada wa darui desu.

5. ___ Shokuyoku ga arimasen.

6. ___ I ga mada itai desu.

> **mada** –
> *immer noch,*
> **karada** – *Körper,*
> **darui** – *schlapp,*
> **shokuyoku** –
> *Appetit,*
> **i** – *Magen*

Um einer Person „*Gute Besserung*" zu wünschen, sagt man auf Japanisch **o-daiji ni**.

6 → § 14

Um eine höfliche Bitte zu formulieren, benutzt man in Japan die **te**-Form des Verbs in Kombination mit **kudasai**: **-te kuda-sai** (→ siehe auch Lektion 6).

Tenpura wo tabete kudasai.   (*Bitte essen Sie Tempura.*)
Oda-san ni kiite kudasai.   (*Bitte fragen Sie Herrn Oda.*)

Im zweiten Beispiel ist **kiite** die **te**-Form von **kiku / kikimasu** (*fragen, hören*).

> Achten Sie auf den Unterschied zwischen **kiite** (*fragen, hören*) und **kite** (*kommen*).

7

Setzen Sie die folgenden **te**-Formen in die Lücken ein, um eine korrekte Bitte zu formulieren. In Klammern finden Sie jeweils die Grundform und die **masu**-Form.

> nonde (nominasu) • kaite (kakimasu) • kiite (kikimasu) • tabete (tabemasu) • kite (kimasu) • yonde (yomimasu)

1. O-sushi wo _____ kudasai.

2. O-cha wo _____ kudasai.

3. Ofisu ni _____ kudasai.

4. Ī-mēru wo _____ kudasai.

5. Sensei ni _____ kudasai.

6. Shinbun wo _____ kudasai.

Tominaga Hospital 富 永 病 院

In Japan unterscheidet man zwei Typen von Krankenhäusern: Eine sogenannte **kurinikku** ist oftmals nur eine Arztpraxis mit einigen Belegbetten. Ein Krankenhaus in unserem Sinne mit einer Vielzahl von Stationen, Fachärzten und Betten bezeichnet man in Japan als **byōin**. Bei einer Erkrankung, die eine stationäre Behandlung erfordert, sollten Sie also besser ein **byōin** aufsuchen.

1 → 36

Die Berufsbezeichnung *Arzt* heißt auf Japanisch **isha**. Wenn man zu einer anderen Person über den Arzt spricht, sagt man aber höflich **o-isha-san**. Spricht man den Arzt direkt an, so sagt man **sensei**.

Setzen Sie **isha**, **o-isha-san** und **sensei** richtig ein:

1. _____, karada wa mada darui desu.
   Herr Doktor, ich fühle mich noch schlapp.

2. _____ ni kiite kudasai.
   Fragen Sie den Herrn Doktor.

3. Terajima-san wa _____ desu.
   Herr Terajima ist Arzt.

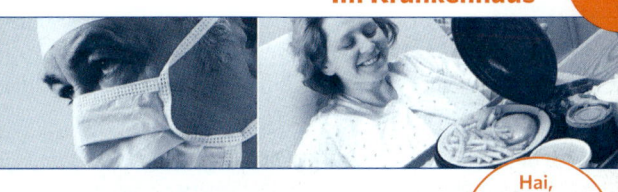

... **2**

Hier sehen Sie drei Kurzdialoge, die etwas durch-
einandergeraten sind. Ordnen Sie richtig zu.

> **Hai,
> sō shimasu.**
> – *Ja, das
> mache ich
> so.*

1. O-daiji ni. _____ **A** Hai, sō shimasu.

2. O-kagen wa ikaga desu ka? ___ **B** Arigatō gozaimasu.

3. O-isha-san ni kiite kudasai. ___ **C** Karada wa mada darui desu.

... **3** → § 15

Die Formulierung **... de mo ii desu** haben Sie bereits kennen
gelernt, zum Beispiel im Satz **yoji de mo ii desu ka?** (*Ist vier
Uhr auch in Ordnung?*)

Wenn Sie der Verbindung **... de mo ii desu ka?** verschiedene
Substantive voranstellen, können Sie Vorschläge formulieren.
Setzen Sie passende Substantive ein:

Eigo de mo ii desu ka?   *Kann ich das auf Englisch machen?*

_____ de mo ii desu ka?   *Geht das auch heute?*

_____ de mo ii desu ka?   *Darf es auch Bier sein?*

_____ de mo ii desu ka?   *Geht es auch am Dienstag?*

4

Vorschläge mit der Formulierung **demo ii desu ka?** können Sie so beantworten:

Ii desu yo.	*Das geht / ist gut / geht in Ordnung.*
Sore wa chotto ...	*Das ist ein bisschen schlecht.*

5 → **§** 15

Um eine Erlaubnis zu erfragen oder zu erteilen, kann man **mo ii desu** in Kombination mit Verben benutzen. Das Verb steht dann wie oben in der **te**-Form.

> **suimasu**
> (te-Form:
> **sutte –**
> *rauchen)*

Sensei, tabako wo sutte mo ii desu ka?
Herr Doktor, darf ich rauchen?

Hai, tabako wo sutte mo ii desu.   *Ja, Sie dürfen rauchen.*

6

Setzen Sie die **te**-Formen richtig ein und übersetzen Sie.

1. Tabako wo _____ mo ii desu ka?

_____.

2. Bīru wo _____ mo ii desu.

_____.

3. Hon wo _____ mo ii desu ka?

_____.

4. Ī-mēru wo _____ mo ii desu ka?

_____.

7 → § 15

Um Ablehnung zu signalisieren, hängt man **wa ikemasen** an die **te**-Form des Verbs. Wenn Sie also nicht einverstanden sind und eine Erlaubnis nicht erteilen möchten, sagen Sie:

Tabako wo sutte wa ikemasen.
Sie dürfen nicht rauchen. / Rauchen ist nicht erlaubt.

8

ongaku – Musik

Wandeln Sie die Sätze wie im Beispiel um:

Bīru wo nonde mo ii desu. → Bīru wo nonde **wa ikemasen**.

1. Tenpura wo tabete mo ii desu. _____.

2. Ongaku wo kiite mo ii desu. _____.

3. Shinbun wo yonde mo ii desu. _____.

4. Okite mo ii desu. _____.

5. O-cha wo nonde mo ii desu. _____.

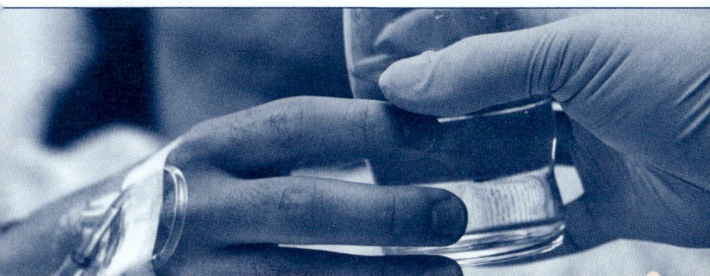

6 **1.** sutte *Darf ich rauchen?* **2.** nonde *Sie dürfen Bier trinken.* **3.** yonde *Darf ich ein Buch lesen?* **4.** kaite *Darf ich eine E-Mail schreiben?* • **8** **1.** Tenpura wo tabete wa ikemasen, **2.** Ongaku wo kiite wa ikemasen, **3.** Shinbun wo yonde wa ikemasen, **4.** Okite wa ikemasen, **5.** O-cha wo nonde wa ikemasen.

Wetter und Naturgewalten sind wichtige Themen in Japan. Kein Wunder, denn das Land wird häufig von heftigen Natur- erscheinungen wie Taifunen und Erdbeben heimgesucht. Drückende Schwüle im Sommer und sehr kalte Winter sind für viele Gegenden Japans typisch. Eine weitere klimatische Heraus- forderung stellt der **tsuyu** dar, der so genannte *Pflaumenregen*, der je nach Region im Juni oder Juli vorherrscht. Für das Wachs- tum der Reispflanzen ist er zwar sehr wichtig, vielen Japanern ist diese fünfte Jahreszeit mit Dauertristesse und erstickender Feuchtigkeit aber verhasst.

   37

Die wichtigsten Wetterlagen:

Ame ga futte imasu.

Yuki ga futte imasu.

Taiyō ga dete imasu.

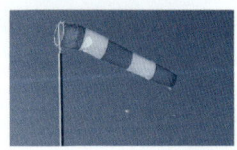

Kaze ga fuite imasu.

2

Betrachten Sie die Bilder auf der vorigen Seite, und ordnen Sie
richtig zu:

1. Sonne   ____ **A** ame

2. Wind   ____ **B** yuki

3. Regen   ____ **C** taiyō

4. Schnee   ____ **D** kaze

*dō –
wie?,* **ii** *–
gut,* **warui**
– schlecht

3

Das *Wetter* heißt auf Japanisch **tenki**.
Übersetzen Sie die folgenden Aussagen:

1. O-tenki wa dō desu ka?   _____?

2. Tenki wa ii desu.   _____.

3. Tenki wa warui desu.   _____.

4

Wenn jemand sagt, **Ā, tenki desu ne,** so heißt das natürlich
nicht „*Ah, es gibt Wetter*", sondern:

1. ▢ *Das Wetter ist gut.*

2. ▢ *Das Wetter ist schlecht.*

3. ▢ *Das Wetter hat sich geändert.*

LÖSUNG

2 1C, 2D, 3A, 4B • **3** 1. Wie ist das Wetter? 2. Das Wetter ist gut.
3. Das Wetter ist schlecht • **4** 1.

5

Und wie steht es mit den Temperaturen?

Atsui desu.	*Es ist heiß.*
Atatakai desu.	*Es ist warm.*
Samui desu.	*Es ist kalt.*
Suzushii desu.	*Es ist kühl.*

 6

Geben Sie an, wie viel Grad es hat, und ergänzen Sie, ob es heiß, warm, kalt oder kühl ist.

> **do**
> *– Grad,*
> **mainasu**
> *– minus*

    35 Kyō wa sanjū do desu. Atsui desu ne.

1. 25° Kyō wa _____. _____ desu ne.

2. 13° Kyō wa _____. _____ desu ne.

3. –6° Kyō wa mainasu _____. _____ desu ne.

4. 39° Kyō wa _____. _____ desu ne.

7 → § 11

Wenn Sie ausdrücken möchten, dass etwas in der Vergangenheit passiert ist, verändern Sie die Endung des Verbs.

-masu → **-mashita**   **desu** → **de**shita

8

Kennzeichnen Sie die Vergangenheitsform mit einem V und die Gegenwartsform mit einem G:

1. ☐ Sanjū do deshita.   **2.** ☐ Sanjūdo desu.

3. ☐ Tenisu wo shimasu.   **4.** ☐ Tenisu wo shimashita.

5. ☐ Hon wo yomimasu.   **6.** ☐ Hon wo yomimashita.

7. ☐ Taiyō ga dete imashita.   **8.** ☐ Taiyō ga dete imasu.

9

Setzen Sie diese Sätze in die Vergangenheit:

1. Ame ga futte imasu.   Ame ga _____.

2. Ī-mēru wo kakimasu.   Ī-mēru wo _____.

3. Kaze ga fuite imasu.   Kaze ga _____.

4. Bīru wo nomimasu.   Bīru wo _____.

5. Basu de ikimasu.   Basu de _____.

9 1. niⁱ͟u͟g͟o do desu. **2.** jūsan do desu. Suzushii **3.** roku do desu. Samui **4.** sanjūkyūdo desu. Atsui • **8.** 1V, 2G, 3G, 4V, 5G, 6V, 7V, 8G • **9 1.** futte imashita **2.** kakimashita **3.** fuite imashita **4.** nomimashita **5.** ikimashita.

Der Klassiker im japanischen Nachtleben ist natürlich die Kara-okebar. In den Amüsiervierteln der großen Städte findet man ganze Hochhäuser, die mit den meist recht kleinen Lokalen gefüllt sind. Traditionell werden viele Karaoke-Bars von Frauen, den **mama-san** geführt. Das Publikum kann je nach Bar ganz unterschiedlich sein. Überall gilt aber das Motto: Dabeisein und mitmachen ist alles. Neben japanischen Schlagern finden sich auch zahlreiche ausländische Titel, die man auf Englisch oder Deutsch singen kann.

dansu – *Tanz*, eiga – *Film*, mimasu – *sehen, anschauen*

1

Ordnen Sie die Übersetzungen für diese Abend-aktivitäten richtig zu.

1. Karaoke ni ikimasu.   ____ **A** *Ich gehe tanzen.*

2. Dansu ni ikimasu.   ____ **B** *Ich sehe einen Film.*

3. Eiga wo mimasu.   ____ **C** *Ich gehe zum Karaoke.*

2

Mit der Wendung **to issho ni** drücken Sie aus, dass Sie etwas mit jemandem gemeinsam gemacht haben.

> **to** – *mit*, **issho ni** – *zusammen*

Satō-san to issho ni resutoran ni ikimashita.
Ich bin mit Herrn Satō zusammen ins Restaurant gegangen.

Übersetzen Sie:

Ich trinke mit dem Lehrer zusammen Bier.

_____

3

Eine Japanerin berichtet ihrer Freundin vom gestrigen Besuch in der Karaoke-Bar. Setzen Sie die passenden Verben in der Vergangenheitsform ein.

> **kinō** – *gestern*, **o-tsumami** – *Knabbergebäck*, **uta wo utaimasu** – *ein Lied singen*

1. Kinō, tomodachi to issho ni karaoke ni

_____ .

2. O-tsumami wo _____ .

3. Bīru wo _____ .

4. Uta wo _____ .

5. Soshite, eiga _____ .

4

Ordnen Sie richtig zu:

1. *Ich esse Sushi.* ___ **A** O-sushi wo tabete kudasai.

2. *Ich esse kein Sushi.* ___ **B** O-sushi wo tabetai desu.

3. *Bitte, essen Sie Sushi.* ___ **C** O-sushi wo tabemasu.

4. *Ich möchte Sushi essen.* ___ **D** O-sushi wo tabemashita.

5. *Darf ich auch Sushi essen?* ___ **E** O-sushi wo tabete imasu.

6. *Sie dürfen Sushi essen.* ___ **F** O-sushi wo tabemasen.

7. *Ich esse gerade Sushi.* ___ **G** O-sushi wo tabete mo
ii desu ka?

8. *Ich habe Sushi gegessen.* ___ **H** O-sushi wo tabete mo
ii desu.

5 →  38

Lesen Sie den Dialog und beantworten Sie die anschließenden Fragen.

A: Sumimasen. Kono chikaku ni wa sūpā wa arimasu ka?
B: Sūpā desu ka? Arimasu yo.
A: Doko desu ka?
B: Hoteru no tonari ni arimasu.
A: Dōmo arigatō gozaimasu.
B: Dō itashimashite.

> Dō
> itashi-
> mashite! –
> *Keine Ur-*
> *sache!*

1. Was sucht Person A? _____

2. Wo befindet sich das gesuchte Geschäft? _____

6

Ordnen Sie die Übersetzungen richtig zu.

1. Nanji desu ka?   ____ **A** *Wie teuer ist das?*

2. Ikura desu ka?   ____ **B** *Wo ist das?*

3. Doko desu ka?   ____ **C** *Wie spät ist es?*

7

Welches Adjektiv passt?

> kirei • takai • hiroi • tanoshii

1. Kono nekutai wa chotto _____ desu ne.

2. Sensei wa _____ desu.

3. Kono hon wa totemo _____ desu.

4. Maeda-san no apāto wa _____ desu ne.

8

Zum guten Schluss noch eine letzte neue Vokabel:

O-tsukare-sama deshita!   *Vielen Dank für Ihre Mühe!*

LÖSUNG

4 1C, 2F, 3A, 4B, 5G, 6H, 7E, 8D • **5** 1. einen Supermarkt, 2. neben dem Hotel • **6** 1C, 2A, 3B • **7** 1. takai! 2. kirei! 3. tanoshii! 4. hiroi

Grammatik

§ 1 SATZSTELLUNG

1

Für die japanische Sprache gilt ein einfaches Satzmuster:

Subjekt	Objekt	Prädikat
Watashi wa	**enjinia**	**desu.**
Ich	*Ingenieur/in*	*ist.*
Myurā san wa	**enjinia**	**desu.**
Frau/Herr Müller	*Ingenieur/in*	*ist.*

Diese Satzstellung kann im Japanischen immer erhalten bleiben, da grammatische Informationen durch nachgestellte Partikeln gegeben werden.

So entsteht zum Beispiel durch die Partikel **ka** hinter dem Prädikat aus dem Satz ein Fragesatz.

Myurā san wa enjinia desu ka.
Frau/Herr Müller Ingenieur/in ist?

....

§ 2 LÄNDER-SUFFIXE

Durch Anhängen des Suffixes **-jin** an einen Ländernamen bildet man die Bezeichnung der Bewohner des Landes, durch Anhängen des Suffixes **-go** entsteht die Bezeichnung der Sprache.

Land	**Bewohner**	**Sprache**
nihon *Japan*	**nihon-jin** *Japaner/in*	**nihon-go** *Japanisch*
chūgoku *China*	**chūgoku-jin** *Chinese/Chinesin*	**chūgoku-go** *Chinesisch*
doitsu *Deutschland*	**doitsu-jin** *Deutsche/r*	**doitsu-go** *Deutsch*
furansu *Frankreich*	**furansu-jin** *Franzose/Französin*	**furansu-go** *Französisch*
supein *Spanien*	**supein-jin** *Spanier/in*	**supein-go** *Spanisch*
itaria *Italien*	**itaria-jin** *Italiener/in*	**itaria-go** *Italienisch*
igirisu *England*	**igirisu-jin** *Engländer/in*	**ei-go** *Englisch*
oranda *Holland*	**oranda-jin** *Holländer/in*	**oranda-go** *Holländisch*
amerika *Amerika*	**amerika-jin** *Amerikaner/in*	**ei-go** *Englisch*
ōsutoria *Österreich*	**ōsutoria-jin** *Österreicher/in*	**doitsu-go** *Deutsch*
suisu *Schweiz*	**suisu-jin** *Schweizer/in*	

1

§ 3 SUBSTANTIVE (HAUPTWÖRTER)

Substantive haben im Japanischen weder eine weibliche noch eine männliche Form und auch keine Artikel. Außerdem besitzen sie weder Singular noch Plural.

nihon-jin *ein Japaner, eine Japanerin*
viele Japaner, viele Japanerinnen

Die entsprechenden Informationen müssen ausdrücklich hinzugefügt werden oder ergeben sich aus dem inhaltlichen Zusammenhang.

§ 4 SUBSTANTIVE + PARTIKELN

Die grammatische Information, wie ein Substantiv im Satz verwendet wird, wird durch **Partikeln** gegeben. Partikeln sind kleine Funktionswörter, die hinter das Substantiv bzw. ein Pronomen (Fürwort) treten. Die Substantive selbst werden nicht verändert. Da jedes Substantiv eine beliebige Position innerhalb des Satzes einnimmt, erscheinen die Substantive fast immer mit ihrer jeweiligen nachgestellten Zuweisung innerhalb des Satzes; entweder gefolgt von der jeweiligen **Partikel** oder durch das Wörtchen **desu** *(ist)*.

Fälle

wa, ga Substantiv im 1. Fall (Nominativ, *wer*-Fall)
Sensei wa kirei desu.
Die Lehrerin ist hübsch.

no Substantiv im 2. Fall (Genitiv, *wessen*-Fall)
Watashi no hon desu.
Es ist mein Buch.

wo Substantiv im 4. Fall (Akkusativ, *wen*-Fall)
Tenisu wo shimasu.
(Ich) spiele Tennis.

ni Ortspartikel: Angabe des Ortes oder der Richtung
Hoteru ni tomarimasu.
(Ich) übernachte im Hotel.

ni Zeitpartikel: Angabe des Zeitpunktes
Sanji ni ikimasu.
(Ich) komme um drei Uhr.

de Instrumentalpartikel: Womit geschieht etwas?
Basu de ikimasu.
Ich fahre mit dem Bus.

Die Partikel **wa** bedeutet in etwa *„was ... betrifft"* und folgt einem Substantiv bzw. Pronomen. Sie kennzeichnet nicht nur die Verwendung im 1. Fall, sondern hat auch die Aufgabe, das Satzthema herauszustellen, das meistens das Subjekt des Satzes ist, aber es nicht sein muss. **»**

Grammatik

Verwendung im 1. Fall (Nominativ):

wa nach einem Substantiv: **Tanaka-san wa sensei desu.**
Herr Tanaka ist Lehrer.

wa nach einem Pronomen: **Kore wa nihon desu.**
Dies ist Japan.

. . . .

§ 5   PARTIKELN AM SATZENDE

Partikeln am Satzende verändern die Aussage oder Nuance
eines Satzes.

ka   ist die Fragepartikel, die aus einem Aussagesatz einen
Fragesatz macht.

Tenisu wo shimasu ka?   *Spielen Sie Tennis?*

ne   am Satzende bedeutet „nicht wahr?".

Hiroi desu ne.   *Es ist geräumig, nicht wahr?*
Das ist aber geräumig!

yo   am Satzende bekräftigt die Aussage und bedeutet
„doch" oder „aber":

Takai desu yo.   *Das ist doch teuer.*

§ 6 AKTIONEN: SUBSTANTIV + WO + SHIMASU

Viele Substantive können verbunden mit dem Verb (Tätigkeits-wort) **shimasu** *(machen, tun)* eine Aktion ausdrücken. Dazu setzen Sie zwischen Substantiv und Verb die Objektpartikel **wo:**

Tenisu wo shimasu.	*Ich spiele Tennis.*
Kaimono wo shimasu.	*Ich kaufe ein.*
Ryōri wo shimasu.	*Ich koche.*
Shigoto wo shimasu.	*Ich arbeite.*
Benkyō wo shimasu.	*Ich lerne.*
Sakkā wo shimasu.	*Ich spiele Fußball.*
Jogingu wo shimasu.	*Ich jogge.*

§ 7 VERBEN

Anders als im Deutschen gibt es nur eine Form eines Verbs im Japanischen für alle Personen im Singular und Plural:

ikimasu *ich gehe, du gehst, er / sie / es geht, wir gehen / ihr geht / sie gehen*

Die Endungen der Verben können allerdings verändert werden. Unterschiedliche Verbendungen zeigen zum Beispiel einen Unterschied in der Zeit oder im Grad der Höflichkeit an. **»**

Grammatik

In diesem Buch wird durchgehend die **masu-Form** der Verben benutzt, denn sie ist höflich und neutral. Außerdem ist die **te**-Form wichtig, da sie für die absolute Gegenwart und die Formulierung von Bitten notwendig ist. Es empfiehlt sich, die Formen auswendig zu lernen. Der Vollständigkeit halber enthält die folgende Tabelle auch den Infinitiv aller Verben. Er wird in diesem Kurs zwar nicht vorgestellt, man benötigt ihn aber zum Beispiel zum Nachschlagen eines Verbs im Wörterbuch.

masu-Form	te-Form	Infinitiv	Deutsch
aimasu	atte	au	*treffen*
arimasu	atte	aru	*geben / haben*
arukimasu	aruite	aruku	*zu Fuß gehen*
desu	–*	da	*sein*
hikimasu	hiite	hiku	*spielen (Klavier …)*
ikimasu	itte	iku	*gehen*
imasu	ite	iru	*sein*
kaimasu	katte	kau	*kaufen*
kakimasu	kaite	kaku	*schreiben*
kikimasu	kiite	kiku	*hören*
kimasu	kite	kuru	*kommen*
mimasu	mite	miru	*sehen*
nomimasu	nonde	nomu	*trinken*

okimasu	okite	okiru	*aufstehen*
shimasu	shite	suru	*machen, tun*
suimasu	sutte	suu	*rauchen*
tabemasu	tabete	taberu	*essen*
tomarimasu	tomatte	tomaru	*übernachten*
yomimasu	yonde	yomu	*lesen*

* Das Verb **da, desu** – *sein* wird im Japanischen als Kopula bezeichnet. Man hängt es an beliebige Ausdrücke an, um daraus ein volles Prädikat zu machen. **desu** besitzt keine **te**-Form zur Formulierung von Bitten.

§ 8   DIE ABSOLUTE GEGENWART (TE-FORM)

Das Japanische verfügt über eine Form zum Ausdruck der absoluten Gegenwart, eines momentanen Zustands. Auf Deutsch könnte man es mit *jetzt, gerade, im Moment* wiedergeben. Die **te**-Form entspricht der englischen Verlaufsform (*ing*-Form).

Shinbun o yonde imasu.	*Ich lese gerade die Zeitung.*
Shinbun o yonde imashita.	*Ich habe die Zeitung gelesen.*

Die Bildung der **te**-Form ist nicht ganz so regelmäßig wie bei den anderen Formen. Am besten lernen Anfänger die Formen auswendig.

1

§ 9 ARIMASU / IMASU

Wenn Sie auf eine Person oder eine Sache verweisen, die vorhanden oder anwesend ist, verwenden Sie die Verben **arimasu** und **imasu**. Im Japanischen wird dabei zwischen Lebendigem (**imasu**) und unbelebten Dingen (**arimasu**) unterschieden:

Itō-san wa imasu.	*Herr Itō ist da.*
Konpyūtā wa arimasu.	*Es gibt / Ich habe einen Computer.*

Der Besitzer wird mit der Partikel **wa** markiert, das Objekt mit der Partikel **ga.**

Itō-san wa kodomo ga imasu.	*Herr Itō hat Kinder.*

§ 10 VERBEN IN DER GEGENWART VERNEINEN

Zur Verneinung eines Verbs in der Gegenwartsform ersetzt man die **masu**-Endung durch die Endung -**mashita**.

Tenpura wo tabemasu.	*Ich esse Tempura.*
Tenpura wo tabemasen.	*Ich esse kein Tempura.*

§ 11 DIE VERGANGENHEITSFORM DER VERBEN

Die Vergangenheitsform bildet man, indem man die **masu**-Endung streicht und durch -**mashita** ersetzt.

Hoteru ni tomarimasu.   *Ich übernachte im Hotel.*
Hoteru ni tomarimashita.   *Ich habe im Hotel übernachtet.*

§ 12   DIE ABSICHTSFORM

Die Absichtsform bildet man, indem man die **masu**-Endung streicht und durch -**tai desu** ersetzt.

Tenisu wo shimasu.   *Ich spiele Tennis.*
Tenisu wo shitai desu.   *Ich möchte Tennis spielen.*

§ 13   AUFFORDERUNGEN FORMULIEREN

Aufforderungen formuliert man, indem man die **masu**-Endung der Verben streicht und durch -**mashō** ersetzt.

Dansu ni ikimasu.   *(Wir) gehen tanzen.*
Dansu ni ikimashō.   *Lassen Sie uns / lasst uns tanzen gehen.*

§ 14   HÖFLICHE BITTEN UND ABLEHNUNGEN

Höfliche Bitten (höfliche Befehle) werden folgendermaßen gebildet: **te-Form** + **kudasai**

yomimasu *(lesen):*   **Yonde kudasai.**
     Lesen Sie bitte!

tabemasu *(essen):*   **Tabete kudasai.**
     Essen Sie bitte.

(te-Form → § 8)

1

§ 15 ERLAUBNIS ERBITTEN, ERTEILEN UND ABLEHNEN

Man kann mit der Phrase **mo ii desu** eine Erlaubnis erteilen.

Ei-go de mo ii desu.
Wir können gerne auch Englisch sprechen!

Indem man ein **ka** anhängt, bittet man um Erlaubnis:

Ei-go de mo ii desu ka.
Können wir auch Englisch sprechen?

mo ii desu kann man auch in Verbindung mit Verben benutzen. Das Verb steht dann in der **te-Form** vor **mo ii**.

Bīru wo nonde mo ii desu.
Sie dürfen gerne Bier trinken.

Bīru wo nonde mo ii desu ka?
Darf ich auch Bier trinken?

Mit der Formulierung **wa ikemasen**, die im Anschluss an an die te-Form folgt, kann man sein Einverständnis verwehren.

Bīru wo nonde wa ikemasen.
Sie dürfen kein Bier trinken.

Es gibt zwei Gruppen von Adjektiven, die jeweils unterschiedlich behandelt werden.

1. i-Adjektive (echte Adjektive)

Sie enden immer auf **-i**, wobei diesem -i ein **a, i, o** oder **u** vorausgeht.

yasui (*billig*)   **akarui** (*hell*)   **takai** (*teuer*)

2. na-Adjektive (Quasi-Adjektive)

na-Adjektive sind Substantive, die erst durch Anhängen von na zu Adjektiven werden. Meistens enden sie nicht auf -i. Falls doch, dann geht dem -i ein e oder ein Konsonant voraus.

kirei (*schön*)   **suki** (*gern haben*)   **benri** (*praktisch*)

Prädikativer Gebrauch der Adjektive (*... ist schön, ... ist groß*)**:**

Bildung: **wa** + Adjektiv + **desu**

Burausu wa takai desu.   *Die Bluse ist teuer.*
Konpyūtā wa benri desu.   *Der Computer ist praktisch,*

Attributiver Gebrauch (*das schöne ..., das große ...*)**:**

i-Adjektive bleiben bei attributivem Gebrauch unverändert und stehen dann vor dem Substantiv, auf das sie sich beziehen.

akarui heya   *ein helles Zimmer*
takai burausu   *eine teure Bluse*   »

Grammatik

1

na-Adjektive werden um die Nachsilbe **-na** erweitert:

kirei-na uchi	*ein hübsches Haus*
benri-na konpyūtā	*ein praktischer Computer*

. . . .

§ 17   **VERNEINUNG VON ADJEKTIVEN**

Die **na-Adjektive** bleiben unverändert, wenn sie verneint werden. Es wird nur **dewa nai desu** angehängt:

O-share dewa nai desu.	*Es ist nicht schick.*

Bei **i-Adjektiven** wird das letzte **i** durch ein **ku** ersetzt. Erst dann folgt **nai desu**.

Takai desu.	*Es ist teuer.*
Takakunai desu.	*Es ist nicht teuer.*

. . . .

§ 18   **DAS KO-SO-A-DO-SYSTEM**

Um unterschiedliche Entfernungen von Dingen deutlich zu machen, gibt es im Japanischen das so genannte „Ko-so-a-do-System".

ko = bezieht sich auf etwas, das sich beim Sprecher befindet*

so = bezieht sich auf etwas, das sich beim Hörer befindet

a = liegt außerhalb des Bereiches von Sprecher und Hörer

do = mit **do** werden die entsprechenden Fragewörter dazu gebildet

124 | 125

Gegenstand		Ort	
ko → kore	*– dies*	**ko → ko**ko	*– hier*
so → sore	*– das (beim Hörer)*	**so → so**ko	*– dort*
a → are	*– jenes*	**a → a**soko	*– dort drüben*
do → dore	*– welches?*	**do → do**ko	*– wo?*

§ 19   ORTSANGABEN

Im Japanischen werden die Ortsangaben hinter das Bezugs-
wort gestellt und mit der Genitivpartikel **no** verbunden:

eki no mae   *vor dem Bahnhof ...*

mae	*vor*	**ushiro**	*hinter*
chikaku	*in der Nähe*	**tonari**	*neben*
migi	*rechts*	**hidari**	*links*
naka	*innen*	**soto**	*außerhalb*
ue	*auf, über*	**shita**	*unter*

§ 20   DAS ZAHLENSYSTEM

Die Zahlen von 1 bis 10 lauten:

1	**ichi**	6	**roku**
2	**ni**	7	**nana** (shichi)
3	**san**	8	**hachi**
4	**yon** (shi)	9	**kyū**
5	**go**	10	**jū** »

Man benutzt diese Zahlen beim Durchzählen oder bei der Nennung von Telefonnummern. Zum Aufzählen von Gegenständen oder bei der Nennung von Personenzahlen benutzt man spezielle Zählwörter (§ 22, 23). Dabei und bei der Nennung von Uhrzeiten (§ 21) kommen auch die alternativen Lesungen der Zahlen 4 und 7 zum Einsatz, die oben in Klammern angegeben sind.

Die Zehnerzahlen werden mit **jū** gebildet, zum Beispiel:

20	**nijū**
40	**yonjū**
70	**nanajū**

Die Hunderter werden mit **hyaku** gebildet. Bei einigen Zahlen kommt es zu Lautveränderungen:

100	**hyaku**
300	**sanbyaku** (san + hyaku)
600	**roppyaku** (roku + hyaku)
700	**nanahyaku** (nana + hayku)
800	**happyaku** (hachi + hyaku)

Die Tausender werden mit **sen** gebildet.

1000	**sen**
3000	**sanzen** (san + sen)
8000	**hassen** (hachi + sen)

Die Einheit **man** für 10.000 ist gewöhnungsbedürftig:

10.000	**ichiman**
40.000	**yonman**

| 100.000 | **jūman** |
| 500.000 | **gojūman** |

Es gibt keine Einheit für *Million*, stattdessen kombiniert man **hyaku** und **man**, *100 X 10.000*:

| 1.000.000 | **hyakuman** |

10.000.000 werden aus den Zeichen **sen** und **man** kombiniert, also *1000 X 10.000*:

| 10.000.000 | **issenman** (ichi + sen + man) |

Bei der Bildung großer Zahlen werden die einzelnen Zahlenkomponenten, beginnend mit der größten Einheit, aneinandergereiht:

51	go**jū** ichi
374	san**byaku** nan**jū** yon
423.756	yonjū ni **man** san**zen** nana**hyaku** go**jū** roku

§ 21 UHRZEITEN

Die Uhrzeiten werden ganz regelmäßig und logisch gebildet. An die Zahlen von 1 bis 12 wird das Suffix **ji** für *Uhr* angehängt:

ichiji – *1 Uhr*   **niji** – *2 Uhr*

Halbe Stunden vor der nächsten vollen Stunde werden mit dem Wort **han** angezeigt:

ichiji han – *halb 2 (1 + eine halbe Stunde)*   »

Grammatik

Da die japanischen Uhrzeiten nur mit den Zahlen von 1 bis 12 gebildet werden, kann man, um Missverständnisse zu vermeiden, **gozen** – *vormittags (a.m.)* oder **gogo** – *nachmittags (p.m.)* hinzufügen:

gozen (no) **goji han** = *5.30 Uhr* oder *halb 6 morgens*
gogo (no) **goji han** = *17.30 Uhr* oder *halb 6 abends*

. . . .

§ 22 ZÄHLEN OHNE ZÄHLWORT

Im Japanischen werden Gegenstände oft mit ganz bestimmten Kategoriewörtern gezählt. Gegenstände, die in keine bestimmte Kategorie passen, werden mit dem folgenden Zahlensystem gezählt. Dieses Zahlensystem kann auch verwendet werden, wenn man die passenden Kategoriewörter nicht kennt.

1 – **hitotsu**	6 – **muttsu**
2 – **futatsu**	7 – **nanatsu**
3 – **mittsu**	8 – **yattsu**
4 – **yottsu**	9 – **kokonotsu**
5 – **itsutsu**	10 – **tō**

Kōcha wo yottsu to kōhī o futatsu kudasai.
4mal schwarzen Tee und 2mal Kaffee bitte.

§ 23 PERSONEN ZÄHLEN

Zum Zählen von Personen gibt es im Japanischen eigene Zähl-wörter:

hitori	*eine Person*
futari	*zwei Personen*
sannin	*drei Personen*
yonin	*vier Personen*
gonin	*fünf Personen*
rokunin	*sechs Personen*
nananin / shichinin	*sieben Personen*
hachinin	*acht Personen*
kyūnin	*neun Personen*
jūnin	*zehn Personen*

Lektionswortschatz

ABC **LEKTION 1**
LÄNDER, STÄDTE,
BESONDERHEITEN

samurai	*Samurai*
sashimi	*roher Fisch*
sake	*japanischer Reiswein*
Sayōnara.	*Auf Wiedersehen.*
sumō	*Sumo-Sport*
sakura	*Kirsche*
sapporo	*Sapporo* (japan. Großstadt)
sushi	*roher Fisch auf Reis*
nippon	*Japan*
nihon	*Japan*
Tōkyō	*Tokyo* (Hauptstadt Japans)
shikoku	*Shikoku* (eine japan. Hauptinsel)
hokkaidō	*Hokkaido* (eine japan. Hauptinsel)
kyūshū	*Kyushu* (eine japan. Hauptinsel)
honshū	*Honshu* (eine japan. Hauptinsel)
desu	*sein* (*Verb*)
chūgoku	*China*
doitsu	*Deutschland*
itaria	*Italien*
igirisu	*England*
furansu	*Frankreich*
supein	*Spanien*
oranda	*Holland*
amerika	*Amerika*
pekin	*Peking*
berurin	*Berlin*
rōma	*Rom*
pari	*Paris*
amusuterudamu	*Amsterdam*

ABC **LEKTION 2**
BEGRÜSSUNGEN

Irasshaimase.	*Willkommen!*
Konnichi wa.	*Guten Tag.*
O-genki desu ka?	*Wie geht es Ihnen?*
Arigatō gozaimasu.	*Vielen Dank.*
arigatō	*danke*
Dōmo arigatō gozaimasu.	*Vielen herzlichen Dank.*
Genki desu.	*Mir geht es gut.*
o-	Höflichkeits-Vorsilbe
Ohayō gozaimasu.	*Guten Morgen.*
Konban wa.	*Guten Abend.*
Oyasumi nasai.	*Gute Nacht.*
Jā ne.	*Tschüs!*
o-miyage	*Gastgeschenk*
dōzo	*Bitte sehr!*
O-jama shimasu.	*„Ich belästige Sie."*
Dōzo, kochira e.	*Hier entlang, bitte.*

O-namae wa?	*Wie ist Ihr Name?*
namae	*Name*
yama	*Berg*
kawa	*Fluss*
shita	*unter*
guchi / kuchi	*Eingang*
ta / da	*Feld*
mori	*Wald*
Hajimemashite.	*Darf ich mich vorstellen?*
Dōzo.	*Bitte sehr.*
yoroshiku	*angenehm, recht*
Yoroshiku onegai shimasu.	*Angenehm, Sie kennen zu lernen.*
go (doitsu-go)	*Sprache (Deutsch)*
jin (doitsu-jin)	*Mensch (Deutsche/r)*
ōsutoria	*Österreich*
suisu	*Schweiz*
retoroman-go	*Rätoromanisch*

meishi	*Visitenkarte*
san	*Herr / Frau (Anrede)*
kochira wa ...	*Diese Person hier ist ...*
wa	Themapartikel
konpyūtā	*Computer*
hai	*ja*
ringo	*Apfel*
Sō desu.	*So ist es.*
... ne	*..., nicht wahr?*
Sō desu ne.	*So ist es, nicht wahr?*
sō, sō, sō	*aha*

enjinia	*Ingenieur/in*
suchuwādesu	*Steward/ess*
uētoresu	*Kellner/in*
pairotto	*Pilot/in*
manēja	*Manager/in*
kenchiku-ka	*Architekt/in*
isha	*Arzt / Ärztin*
bengo-shi	*Rechtsanwalt/anwältin*
kaisha-in	*Angestellte/r*
ongaku-ka	*Musiker/in*
honyaku-ka	*Übersetzer/in*
ginko-in	*Bankangestellte/r*
yūbin-ya	*Postbote / Postbotin*
wa	Subjektpartikel
kore	*dies*
rapputoppu	*Laptop*

2

Lektionswortschatz

2 LEKTIONSWORTSCHATZ

ABC LEKTION 6
SMALLTALK

shigoto	*Arbeit*
o-shigoto	*Ihre Arbeit*
nan	*was?*
nani	*was?*
... ni tsutomete imasu	*arbeiten bei ...*
Bosshu	*die Firma Bosch*
doko	*wo?*
... ni sunde imasu	*wohnen in ...*
ka	Fragepartikel
kekkon shite imasu	*verheiratet sein*
kekkon shimasu	*heiraten*
benkyō shite imasu	*studieren*
benkyō	*Studium*
Kochira koso.	*Danke gleichfalls.*
gakusei	*Student/in*
Ueno	Stadtteil von Tokyo
Kanda	Stadtteil von Tokyo
keiji	*Polizeiinspektor/in*
no	Genitivpartikel („*von*")
tomodachi	*Freund/in*

ABC LEKTION 7
IM HAUS

apāto	*Apartment*
manshon	*exklusive Wohnung*
ryō	*Wohnheim*
ikkodate	*freistehendes Haus*
watashi	*ich*
anata	*du*
kitchin	*Küche*
dainingu	*Esszimmer*
ribingu	*Wohnzimmer*
barukonī	*Balkon*
toire	*Toilette*
genkan	*Eingang*
ima	*Wohnzimmer*
daidokoro	*Küche*
shosai	*Arbeitszimmer*
o-furoba	*Bad*
shinshitsu	*Schlafzimmer*
... wa doko desu ka?	*Wo ist ...?*
koko	*hier*
asoko	*dort drüben*

LEKTION 8
BEKLEIDUNG

sētā	*Pullover*
tīshatsu	*T-Shirt*
burausu	*Bluse*
sukāto	*Rock*
kutsu	*Schuhe*
zubon	*Hose*
wanpīsu	*Kleid*
nekutai	*Krawatte*
kōto	*Mantel*
būtsu	*Stiefel*
arimasu	*es gibt*
... wa arimasu ka?	*Führen Sie ...?*
akai	*rot*
shiroi	*weiß*
kuroi	*schwarz*
midori-iro	*grün*
aoi	*blau*
kiiroi	*gelb*
pinku-iro	*rosa*
chairo	*braun*
orenji-iro	*orange*
gurē	*grau*
takai	*teuer*
yasui	*billig*
nagai	*lang*
mijikai	*kurz*

LEKTION 9
EINKAUFEN

depāto	*Kaufhaus*
konbini	*24-Stunden-Laden*
hyaku-en-shoppu	*100-Yen-Shop*
saifu	*Portemonnaie*
ikaga	*wie*
Ikaga desu ka?	*Wie ist es?*
chotto	*ein bisschen*
ii	*gut*
Kore wo kudasai.	*Dies hier bitte.*
... ne	*..., nicht wahr?*
sore	*jenes*
are	*jenes dort drüben*
denwa	*Telefon*
tēburu	*Tisch*
keitai denwa	*Mobiltelefon*
ikura	*wie teuer*
hyaku	*100*
sen	*1000*
ichi-man	*10.000*
en	*Yen*

2

LEKTIONSWORTSCHATZ

Lektionswortschatz

ABC **LEKTION 10**
FAMILIE

o-shōgatsu	*Neujahr*
kodomo	*Kind*
o-ko-san	*Ihr Kind*
musume	*Tochter*
musume-san	*Ihre / Deine Tochter*
musuko	*Sohn*
musuko-san	*Ihr / Dein Sohn*
shujin	*mein Ehemann*
go-shujin	*Ihr / Dein Ehemann*
tsuma	*meine Ehefrau*
oku-san	*Ihre / Deine Ehefrau*
kirei	*hübsch, sauber*
gakusei	*Student/in*
imasu	*sein / da sein (bei Lebewesen)*
arimasu	*sein / geben / haben (bei Dingen)*
hitori	*eine Person*
futari	*zwei Personen*
sannin	*drei Personen*
yonin	*vier Personen*
gonin	*fünf Personen*
rokunin	*sechs Personen*
nananin	*sieben Personen*
shichinin	*sieben Personen*
hachinin	*acht Personen*
kyūnin	*neun Personen*
jūnin	*zehn Personen*
ga	Subjektpartikel, *hier zur Kennzeichnung des Objekts*
petto	*Haustier*
neko	*Katze*

ABC **LEKTION 11**
KOMMUNIKATION

muzukashii	*schwierig*
iie	*nein*
o-share	*schick*
hiroi	*groß, geräumig*
akarui	*hell*
kawaii	*süß, niedlich*
oishii	*lecker*
ii	*gut, schön*
tanoshii	*macht Spaß*
... ne	*..., nicht wahr?*
kono	*dieses*
ima	*Wohnzimmer*
sensei	*Lehrer/in*
benri	*praktisch*
daijōbu	*in Ordnung*
sumimasen	*Entschuldigung / Danke*
dōzo	*bitte sehr*
uchi	*Haus*
Sō desu ka.	*Ach, so ist das.*
kyakuma	*Gästezimmer*

ureshii	*glücklich*
Dōmo arigatō gozaimashita.	*Vielen herzlichen Dank.*
Tsumaranai mono desu.	*Das ist wirklich nur eine Kleinigkeit.*
kenson	*Bescheidenheit*
... ga suki desu.	*Ich mag ...*
... ga daisuki desu.	*Ich mag ... sehr gerne.*
... ga kirai desu.	*Ich mag ... nicht.*
... ga daikirai desu.	*Ich mag ... überhaupt nicht.*
baiorin	*Geige*
supōtsu	*Sport*
kaimono	*Einkäufe*
kaimono wo shimasu	*Einkäufe machen*
sakkā	*Fußball*
ryōri	*Essen / Speisen*
ryori wo shimasu	*Essen zubereiten / Kochen*
karate	*Karate*
jogingu	*Jogging*
suiei	*Schwimmen*
basukettobōru	*Basketball*
tenisu	*Tennis*
wo	Akkusativpartikel
... wo shimasu	*... (be)treiben*
o-kashi	*Süßigkeiten*
totemo	*sehr*

wain	*Wein*
o-cha	*Tee*
kōhī	*Kaffee*
jūsu	*Orangensaft*
gyūnyū	*Milch*
mineraruwōtā	*Mineralwasser*
kōcha	*schwarzer Tee*
bīru	*Bier*
o-	*Höflichkeitsvorsilbe*
Go-chūmon wa?	*Was möchten Sie bestellen?*
yakitori	*gebratene Hühnerspieße*
tenpura	*ausgebackene Gemüse / Meeresfrüchte*
karēraisu	*Curryreis*
rāmen	*chinesische Nudeln*
yakisoba	*gebratene Buchweizennudeln*
udon	*dicke Weizennudeln*
to	Verbindungspartikel (*und*)
O-kanjō wo onegai shimasu.	*Die Rechnung bitte.*
hitotsu	*ein Stück*
futatsu	*zwei Stück*
mittsu	*drei Stück*
yottsu	*vier Stück*
itsutsu	*fünf Stück*

2

LEKTIONSWORTSCHATZ

Lektionswortschatz

 **LEKTION 14**
BEI TISCH

Meshiagatte kudasai.	*Greifen Sie zu.*
itadakimasu	*Ich empfange das Essen.*
oishii	*lecker*
Go-chisō sama deshita.	*Vielen Dank für das Essen.*
kanpai	*Prost!*
terebi	*Fernseher*
benri	*praktisch*

ABC **LEKTION 15**
AM TELEFON

moshi moshi	*Hallo! (am Telefon)*
o-taku	*(Ihr) ehrenwertes Zuhause*
ga	*aber, was … betrifft*
imasen	*ist nicht da*
ashita	*morgen*
mata	*wieder*
wakarimashita	*Verstanden!*
saifu	*Portemonnaie*
kodomo	*Kind*
o-denwa shimasu	*anrufen*
zero	*0*
ichi	*1*
ni	*2*
san	*3*
yon	*4*
shi	*4*
go	*5*
roku	*6*
shichi	*7*
nana	*7*
hachi	*8*
kyū	*9*
shi	*Tod*
denwa bangō	*Telefonnummer*
… ga wakarimasu ka?	*Kennen / Verstehen Sie …?*
Wakarimasu ka?	*Verstehen Sie mich?*

ikimasu	*gehen / fahren*
kimasu	*kommen*
densha	*Bahn, Zug*
basu	*Bus*
kuruma	*Auto*
hikōki	*Flugzeug*
takushī	*Taxi*
jitensha	*Fahrrad*
baiku	*Motorrad*
aruki de ikimasu	*zu Fuß gehen*
de	Instrumental-partikel
kōen	*Park*
konbini	*24-Stunden-Laden*
sūpā	*Supermarkt*
hoteru	*Hotel*
mae	*vor*
tonari	*neben*
ushiro	*hinter*
migi	*rechts*
hidari	*links*
ni	Ortspartikel

bijinesu hoteru	*Business-Hotel*
ni	Ortspartikel, Ziel-partikel
ryokan	Gästehaus im japa-nischen Stil
minshuku	*Pension*
kapseru hoteru	*Kapselhotel*
eki	*Bahnhof*
o-denwa shimasu	*anrufen*
tomarimasu	*übernachten*
heya	*Zimmer*
chekku auto	*Check-out*
chekku in	*Check-in*
shinguru no heya	*Einzelzimmer*
daburu no heya	*Doppelzimmer*
pasupōto	*Reisepass*
mada	*noch*
ippaku	*eine Nacht*
nihaku	*zwei Nächte*
yoroshii	*recht / genehm*
Yoroshii desu ka?	*Ist es Ihnen recht?*
yoyaku shimasu	*reservieren / buchen*
... wo yoyaku shimasu	*... reservieren*
... tai desu	Absichtsform (*... tun mögen*)

2

LEKTIONSWORTSCHATZ

Lektionswortschatz

ABC **LEKTION 18**
UHRZEITEN

jū	10
-ji	... Uhr
-ji han	... Uhr:30
ni	Zeitpartikel

ABC **LEKTION 19**
VERABREDUNGEN

yo	Partikel am Satz-ende („aber", „doch")
daijōbu	in Ordnung
muri	nicht möglich
de mo	auch
kyō	heute
anō ...	also ...
o-taku	ehrenwertes Zuhause
rihāsaru	Probe
made	bis
kara	ab
hima desu	frei haben
kayōbi	Dienstag
pātī	Party

ABC **LEKTION 20**
AKTIVITÄTEN IM TAGESABLAUF

mainichi	jeden Tag
okimasu	aufstehen
goro	gegen
asa go-han	Frühstück
tabemasu	essen
soshite	danach
shinbun	Zeitung
yomimasu	lesen
yoru	Abend, abends
ī-mēru	E-Mail
kakimasu	schreiben
wo	Akkusativpartikel
kaimasu	kaufen
nomimasu	trinken

2

LEKTIONSWORTSCHATZ

onsen	*heiße Badequelle*
sukī	*Skifahren*
haikingu	*Wandern*
gorufu	*Golf*
pinpon	*Tischtennis*
badominton	*Badminton*
saikuringu	*Radfahren*
shimasu	*tun, machen*
... ga dekimasu	*... können*
baiorin	*Violine*
piano	*Klavier*
hikimasu	*spielen (Klavier, Violine)*
... mashō	*Lassen Sie uns ...*
nan-ji ...?	*Um wie viel Uhr ...?*
hima desu	*frei haben*
mītingu	*Meeting / Konferenz*
sore dewa	*also dann ...*
aimasu	*treffen*
Wakarimashita.	*Verstanden! / Einverstanden!*
tanoshimi ni shite imasu.	*Ich freue mich (auf etwas).*

atama	*Kopf*
kuchi	*Mund*
senaka	*Rücken*
ashi	*Fuß, Bein*
te	*Hand*
mimi	*Ohr*
nodo	*Hals*
onaka	*Bauch*
ude	*Arm*
O-kagen wa ikaga desu ka?	*Wie ist Ihr Befinden?*
... ga itai desu.	*... tut weh.*
mada	*noch*
karada	*Körper*
darui	*schlapp*
shokuyoku	*Appetit*
i	*Magen*
O-daiji ni.	*Gute Besserung!*

2

LEKTIONSWORTSCHATZ

2

ABC **LEKTION 23**
IM KRANKENHAUS

kurinikku	*(kleine) Klinik, Arztpraxis*
byōin	*Krankenhaus*
isha	*Arzt / Ärztin*
o-isha-san	*der Herr Doktor*
sensei	*Herr Doktor (Anrede)*
Sō shimasu.	*Ja, das mache ich so.*
... de mo ii desu.	*... ist auch in Ordnung.*
Sore wa chotto ...	*Das ist ein bisschen schlecht.*
tabako	*Zigarette, Tabak*
suimasu	*rauchen*
... wa ikemasen.	*... geht nicht.*

ABC **LEKTION 24**
DAS WETTER

tsuyu	*Pflaumenregen, Regenzeit im Juni oder Juli*
ame	*Regen*
Ame ga futte imasu.	*Es regnet.*
yuki	*Schnee*
Yuki ga futte imasu.	*Es schneit.*
taiyō	*Sonne*
Taiyō ga dete imasu.	*Die Sonne scheint.*
kaze	*Wind.*
Kaze ga fuite imasu.	*Es ist windig.*
tenki	*Wetter*
dō	*wie?*
ii	*gut*
warui	*schlecht*
atsui	*heiß*
atatakai	*warm*
samui	*kalt*
suzushii	*kühl*
do	*Grad*
mainasu	*minus, unter Null*

LEKTION 25
NACHTLEBEN

mama-san	*Barfrau*
karaoke	*Karaoke*
dansu	*Tanz*
eiga	*Film*
to	*mit*
miru, mimasu	*sehen, anschauen*
issho ni	*zusammen*
dansu	*Tanz*
kinō	*gestern*
o-tsumami	*Knabbereien*
uta	*Lied*
uta wo utaimasu	*singen*
Dō itashimashite!	*Keine Ursache!*
soshite	*danach*
O-tsukare-sama deshita!	*Vielen Dank für Ihre Mühe!*

Alphabetische Wortliste

ABC A

aimasu	*treffen*
akai	*rot*
akarui	*hell*
ame	*Regen*
Ame ga futte imasu.	*Es regnet.*
amerika	*Amerika*
amusuterudamu	*Amsterdam*
anata	*du*
anō ...	*also ...*
aoi	*blau*
apāto	*Apartment*
are	*jenes dort drüben*
arigatō	*danke*
Arigatō gozaimasu.	*Vielen Dank.*
arimasu	*sein / geben / haben (Dinge), es gibt*
aruki de ikimasu	*zu Fuß gehen*
asa go-han	*Frühstück*
ashi	*Fuß, Bein*
ashita	*morgen*
asoko	*dort drüben*
atama	*Kopf*
atatakai	*warm*
atsui	*heiß*

ABC B

badominton	*Badminton*
baiku	*Motorrad*
baiorin	*Geige, Violine*
barukonī	*Balkon*
basu	*Bus*
basukettobōru	*Basketball*
bengo-shi	*Rechtsanwalt/anwältin*
benkyō	*Studium*
benkyō shite imasu	*studieren*
benri	*praktisch*
berurin	*Berlin*
bijinesu hoteru	*Business-Hotel*
bīru	*Bier*
Bosshu	*die Firma Bosch*
burausu	*Bluse*
būtsu	*Stiefel*
byōin	*Krankenhaus*

ABC C

chairo	*braun*
chekku auto	*Check-out*
chekku in	*Check-in*
chotto	*ein bisschen*
chūgoku	*China*

daburu no heya	*Doppelzimmer*
daidokoro	*Küche*
daijōbu	*in Ordnung*
dainingu	*Esszimmer*
dansu	*Tanz*
darui	*schlapp*
de	*Instrumental-*
	partikel
de mo	*auch*
... de mo ii desu.	*... ist auch in Ord-*
	nung.
densha	*Bahn, Zug*
denwa	*Telefon*
denwa bangō	*Telefonnummer*
depāto	*Kaufhaus*
desu	*sein (Verb)*
do	*Grad*
dō?	*wie?*
Dō itashimashite!	*Keine Ursache!*
doitsu	*Deutschland*
doko	*wo?*
Dōmo arigatō	*Vielen herzlichen*
gozaimashita /	*Dank.*
gozaimasu.	
Dōzo.	*Bitte sehr!*
Dōzo, kochira e.	*Hier entlang, bitte.*

eiga	*Film*
eki	*Bahnhof*
en	*Yen*
enjinia	*Ingenieur/in*

furansu	*Frankreich*
futari	*zwei Personen*
futatsu	*zwei Stück*

ga	Subjektpartikel
ga	*aber, was ... betrifft*
... ga daikirai	*Ich mag ... über-*
desu.	*haupt nicht.*
... ga daisuki	*Ich mag ... sehr ger-*
desu.	*ne.*
... ga dekimasu	*... können*
... ga itai desu.	*... tut weh.*
... ga kirai desu.	*Ich mag ... nicht.*
... ga suki desu.	*Ich mag ...*
... ga wakarimasu	*Kennen / Verstehen*
ka?	*Sie ...?*
gakusei	*Student/in*
genkan	*Eingang*
Genki desu.	*Mir geht es gut.*
ginko-in	*Bankangestellte/r*
go	*5*
go (doitsu-go)	*Sprache (Deutsch)*
Go-chisō sama	*Vielen Dank für das*
deshita.	*Essen.*
Go-chūmon wa?	*Was möchten Sie*
	bestellen?
gonin	*fünf Personen*
goro	*gegen*
gorufu	*Golf*
go-shujin	*Ihr / Dein Ehemann*
guchi / kuchi	*Eingang*
gurē	*grau*
gyūnyū	*Milch*

Alphabetische Wortliste

3

ABC H

hachi	8
hachinin	acht Personen
hai	ja
haikingu	Wandern
Hajimemashite.	Darf ich mich vorstellen?
heya	Zimmer
hidari	links
hikimasu	spielen (Klavier, Violine)
hikōki	Flugzeug
hima desu	frei haben
hiroi	groß, geräumig
hitori	eine Person
hitotsu	ein Stück
hokkaidō	Hokkaido (eine japan. Hauptinsel)
honshū	Honshu (eine japan. Hauptinsel)
honyaku-ka	Übersetzer/in
hoteru	Hotel
hyaku	100
hyaku-en-shoppu	100-Yen-Shop

ABC I

i	Magen
ichi	1
ichi-man	10.000
igirisu	England
ii	gut, schön
iie	nein
ikaga	wie
Ikaga desu ka?	Wie ist es?
ikimasu	gehen / fahren
ikkodate	freistehendes Haus
ikura	wie teuer
ima	Wohnzimmer
imasen	ist nicht da
imasu	sein / da sein (Lebewesen)
ī-mēru	E-Mail
ippaku	eine Nacht
Irasshaimase.	Willkommen!
isha	Arzt / Ärztin
issho ni	zusammen
itadakimasu	Ich empfange das Essen.
itaria	Italien
itsutsu	fünf Stück

ABC J

Jā ne.	Tschüs!
-ji	... Uhr
-ji han	... Uhr:30
jin (doitsu-jin)	Mensch (Deutsche/r)
jitensha	Fahrrad
jogingu	Jogging
jū	10
jūnin	zehn Personen
jūsu	Orangensaft

K

ka	Fragepartikel
kaimasu	*kaufen*
kaimono	*Einkäufe*
kaimono wo shimasu	*Einkäufe machen*
kaisha-in	*Angestellte/r*
kakimasu	*schreiben*
Kanda	*Stadtteil von Tokyo*
kanpai	*Prost!*
kapseru hoteru	*Kapselhotel*
kara	*ab*
karada	*Körper*
karaoke	*Karaoke*
karate	*Karate*
karēraisu	*Curryreis*
kawa	*Fluss*
kawaii	*süß, niedlich*
kayōbi	*Dienstag*
kaze	*Wind.*
Kaze ga fuite imasu.	*Es ist windig.*
keiji	*Polizeiinspektor/in*
keitai denwa	*Mobiltelefon*
kekkon shimasu	*heiraten*
kekkon shite imasu	*verheiratet sein*
kenchiku-ka	*Architekt/in*
kenson	*Bescheidenheit*
kiiroi	*gelb*
kimasu	*kommen*
kinō	*gestern*
kirei	*hübsch, sauber*
kitchin	*Küche*
kōcha	*schwarzer Tee*
Kochira koso.	*Danke gleichfalls.*

kochira wa ...	*Diese Person hier ist ...*
kodomo	*Kind*
kōen	*Park*
kōhī	*Kaffee*
koko	*hier*
Konban wa.	*Guten Abend.*
konbini	*24-Stunden-Laden*
Konnichi wa.	*Guten Tag.*
kono	*dieses*
konpyūtā	*Computer*
kore	*dies*
Kore wo kudasai.	*Dies hier bitte.*
kōto	*Mantel*
kuchi	*Mund*
kurinikku	*(kleine) Klinik, Arztpraxis*
kuroi	*schwarz*
kuruma	*Auto*
kutsu	*Schuhe*
kyakuma	*Gästezimmer*
kyō	*heute*
kyū	*9*
kyūnin	*neun Personen*
kyūshū	*Kyushu (eine japan. Hauptinsel)*

3

Alphabetische Wortliste

ABC M

mada	*noch*
made	*bis*
mae	*vor*
mainasu	*minus, unter Null*
mainichi	*jeden Tag*
mama-san	*Barfrau*
manēja	*Manager/in*
manshon	*exklusive Wohnung*
... mashō	*Lassen Sie uns ...*
mata	*wieder*
meishi	*Visitenkarte*
Meshiagatte kudasai.	*Greifen Sie zu.*
midori-iro	*grün*
migi	*rechts*
mijikai	*kurz*
mimi	*Ohr*
mineraruwōtā	*Mineralwasser*
minshuku	*Pension*
miru, mimasu	*sehen, anschauen*
mītingu	*Meeting / Konferenz*
mittsu	*drei Stück*
mori	*Wald*
moshi moshi	*Hallo! (am Telefon)*
muri	*nicht möglich*
musuko	*Sohn*
musuko-san	*Ihr / dein Sohn*
musume	*Tochter*
musume-san	*Ihre / deine Tochter*
muzukashii	*schwierig*

ABC N

nagai	*lang*
namae	*Name*
nan	*was?*
nana	*7*
nananin	*sieben Personen*
nani	*was?*
nan-ji ...?	*Um wie viel Uhr ...?*
... ne	*..., nicht wahr?*
neko	*Katze*
nekutai	*Krawatte*
ni	*2*
ni	Ortspartikel, Zielpartikel
ni	Zeitpartikel
... ni sunde imasu	*wohnen in ...*
... ni tsutomete imasu	*arbeiten bei ...*
nihaku	*zwei Nächte*
nihon / nippon	*Japan*
no	Genitivpartikel „von"
nodo	*Hals*
nomimasu	*trinken*

o-	Höflichkeits-Vor-silbe
o-cha	*Tee*
O-daiji ni.	*Gute Besserung!*
o-denwa shimasu	*anrufen*
o-furoba	*Bad*
O-genki desu ka?	*Wie geht es Ihnen?*
Ohayō gozaimasu.	*Guten Morgen.*
o-isha-san	*der Herr Doktor*
oishii	*lecker*
O-jama shimasu.	*„Ich belästige Sie."*
O-kagen wa ikaga desu ka?	*Wie ist Ihr Befin-den?*
O-kanjō wo onegai shimasu.	*Die Rechnung bitte.*
o-kashi	*Süßigkeiten*
okimasu	*aufstehen*
o-ko-san	*Ihr Kind*
oku-san	*Ihre / Deine Ehefrau*
o-miyage	*Gastgeschenk*
onaka	*Bauch*
O-namae wa?	*Wie ist Ihr Name?*
ongaku-ka	*Musiker/in*
onsen	*heiße Badequelle*
oranda	*Holland*
orenji-iro	*orange*
o-share	*schick*
o-shigoto	*Ihre Arbeit*
o-shōgatsu	*Neujahr*
ōsutoria	*Österreich*

o-taku	*(Ihr) ehrenwertes Zuhause*
o-taku	*ehrenwertes Zu-hause*
O-tsukare-sama deshita!	*Vielen Dank für Ihre Mühe!*
o-tsumami	*Knabbereien*
Oyasumi nasai.	*Gute Nacht.*

pairotto	*Pilot/in*
pari	*Paris*
pasupōto	*Reisepass*
pātī	*Party*
pekin	*Peking*
petto	*Haustier*
piano	*Klavier*
pinku-iro	*rosa*
pinpon	*Tischtennis*

3

rāmen	*chinesische Nudeln*
rapputoppu	*Laptop*
retoroman-go	*Rätoromanisch*
ribingu	*Wohnzimmer*
rihāsaru	*Probe*
ringo	*Apfel*
roku	*6*
rokunin	*sechs Personen*
rōma	*Rom*
ryō	*Wohnheim*
ryokan	Gästehaus im japa-nischen Stil
ryōri	*Essen / Speisen*
ryori wo shimasu	*Essen zubereiten / Kochen*

Alphabetische Wortliste

ABC **s**

saifu	Portemonnaie
saikuringu	Radfahren
sake	japanischer Reis-wein
sakkā	Fußball
sakura	Kirsche
samui	kalt
samurai	Samurai
san	Herr / Frau (Anrede)
san	3
sannin	drei Personen
sapporo	Sapporo
sashimi	roher Fisch
Sayōnara.	Auf Wiedersehen.
sen	1000
senaka	Rücken
sensei	Lehrer/in
sensei	Herr Doktor (Anrede)
sētā	Pullover
shi	4
shi	Tod
shichi	7
shichinin	sieben Personen
shigoto	Arbeit
shikoku	Shikoku (eine japan. Hauptinsel)
shimasu	tun, machen
shinbun	Zeitung
shinguru no heya	Einzelzimmer
shinshitsu	Schlafzimmer
shiroi	weiß
shita	unter
shokuyoku	Appetit

shosai	Arbeitszimmer
shujin	mein Ehemann
Sō desu ka.	Ach, so ist das.
Sō desu ne.	So ist es, nicht wahr?
Sō desu.	So ist es.
Sō shimasu.	Ja, das mache ich so.
sō, sō, sō	aha
sore	jenes
sore dewa	also dann ...
Sore wa chotto ...	Das ist ein bisschen schlecht.
soshite	danach
suchuwādesu	Steward/ess
suiei	Schwimmen
suimasu	rauchen
suisu	Schweiz
sukāto	Rock
sukī	Skifahren
sumimasen	Entschuldigung / Danke
sumō	Sumo-Sport
sūpā	Supermarkt
supein	Spanien
supōtsu	Sport
sushi	roher Fisch auf Reis
suzushii	kühl

3

ALPHABETISCHE WORTLISTE

148 | 149

ta / da	*Feld*
tabako	*Zigarette, Tabak*
tabemasu	*essen*
... tai desu	*Absichtsform*
	(... tun mögen)
taiyō	*Sonne*
Taiyō ga dete imasu.	*Die Sonne scheint.*
takai	*teuer*
takushī	*Taxi*
tanoshii	*macht Spaß*
tanoshimi ni shite imasu.	*Ich freue mich (auf etwas).*
te	*Hand*
tēburu	*Tisch*
tenisu	*Tennis*
tenki	*Wetter*
tenpura	*ausgebackene Gemüse / Meeresfrüchte*
terebi	*Fernseher*
tīshatsu	*T-Shirt*
to	*Verbindungspartikel (und, mit)*
toire	*Toilette*
Tōkyō	*Tokyo*
tomarimasu	*übernachten*
tomodachi	*Freund/in*
tonari	*neben*
totemo	*sehr*
tsuma	*meine Ehefrau*
Tsumaranai mono desu.	*Das ist wirklich nur eine Kleinigkeit.*
tsuyu	*Pflaumenregen, Regenzeit im Juni oder Juli*

uchi	*Haus*
ude	*Arm*
udon	*dicke Weizennudeln*
Ueno	*Stadtteil von Tokyo*
uētoresu	*Kellner/in*
ureshii	*glücklich*
ushiro	*hinter*
uta	*Lied*
uta wo utaimasu	*singen*

wa	Themapartikel, Subjektpartikel
... wa arimasu ka?	*Führen Sie ...?*
... wa doko desu ka?	*Wo ist ...?*
... wa ikemasen.	*... geht nicht.*
wain	*Wein*
Wakarimashita.	*Verstanden! / Einverstanden!*
Wakarimasu ka?	*Verstehen Sie mich?*
wanpīsu	*Kleid*
warui	*schlecht*
watashi	*ich*
wo	Akkusativpartikel
... wo shimasu	*... (be)treiben*
... wo yoyaku shimasu	*... reservieren*

3

ALPHABETISCHE WORTLISTE

Alphabetische Wortliste

 Y

yakisoba	*gebratene Buchweizennudeln*
yakitori	*gebratene Hühnerspieße*
yama	*Berg*
yasui	*billig*
yo	*Partikel am Satzende („aber", „doch")*
yomimasu	*lesen*
yon	*4*
yonin	*vier Personen*
yoroshii	*recht / genehm*
Yoroshii desu ka?	*Ist es Ihnen recht?*
yoroshiku	*angenehm, recht*
Yoroshiku onegai shimasu.	*Angenehm, Sie kennen zu lernen.*
yoru	*Abend, abends*
yottsu	*vier Stück*
yoyaku shimasu	*reservieren / buchen*
yūbin-ya	*Postbote / Postbotin*
yuki	*Schnee*
Yuki ga futte imasu.	*Es schneit.*

ABC **Z**

zero	*0*
zubon	*Hose*

ALPHABETISCHE WORTLISTE

Reisewortschatz

ABC JAHRESZEITEN, MONATE, WOCHENTAGE

Frühling	**haru**
Sommer	**natsu**
Herbst	**aki**
Winter	**fuyu**
Januar	**ichigatsu**
Februar	**nigatsu**
März	**sangatsu**
April	**shigatsu**
Mai	**gogatsu**
Juni	**rokugatsu**
Juli	**shichigatsu**
August	**hachigatsu**
September	**kugatsu**
Oktober	**jūgatsu**
November	**jūichigatsu**
Dezember	**jūnigatsu**
Montag	**getsuyōbi**
Dienstag	**kayōbi**
Mittwoch	**suiyōbi**
Donnerstag	**mokuyōbi**
Freitag	**kinyōbi**
Samstag	**doyōbi**
Sonntag	**nichiyōbi**

ABC WÜNSCHE

Herzlichen Glückwunsch!	**Omedetō!**
(zur Geburt)	**Go-shussan omedetō gozaimasu!**
(zur Hochzeit)	**Go-kekkon omedetō gozaimasu!**
(zum Geburtstag)	**O-tanjōbi omedetō gozaimasu!**
(zu Neujahr)	**Akemashite omedetō gozaimasu!**
(zur bestandenen Prüfung)	**Gōkaku omedetō gozaimasu!**
Viel Glück / Viel Erfolg!	**Oshiawase ni! / Goseikō o inorimasu!**
Gute Besserung!	**Odaiji ni**

Reisewortschatz

ABC ESSEN UND TRINKEN

Reservierung	yoyaku
Speisekarte	menyü
Vorspeise	zensai
Hauptspeise	mein-disshu
Nachtisch	dezāto
Tellergericht mit Reis und Beilagen	donburi
Glasnudeln mit Gemüse, Fleisch, Sojasoße, Reiswein	sukiyaki
Reisröllchen, umwikkelt mit Seetang	onigiri
„japanische Pizza" mit Gemüse, Fleisch, Shrimps, Tintenfisch	okono-miyaki
Essstäbchen	hashi
Gabel	fōku
Messer	naifu
Löffel	supūn
Pfeffer	koshō
Salz	shio
Essig	su
Öl	oiru, abura
durchgebraten	jūbun ni yaketa
roh	nama no
gebacken / gebraten	yaketa
sauer	suppai
scharf	karai
süß	amai
Zucker	satō
Butter	batā
Margarine	māgarin
Brot	pan

Brötchen	kogata-maru-pan
Toast	tōsuto
Kuchen	kēki
Honig	hachimitsu
Käse	chīzu
Eier	tamago
Barsch	suzuki
Dorsch	tara
Lachs	sake
Makrele	saba
Thunfisch	maguro
Schwertfisch	tachi-uo
Seezunge	shitabirame
Wal	kujira
Auster	kaki
Muschel	kai
Krabbe / Garnele	ebi
Krebs	kani
Tintenfisch	ika
Fleisch	niku
Hackfleisch	hiki-niku
Hähnchen	tori-niku, niwatori
Rindfleisch	gyūniku
Schweinefleisch	butaniku
Schinken	hamu
Lammfleisch	ramu-niku
Bambussprossen	takenoko
Chinakohl	hakusai
Weißkraut	kyabetsu
Karotten	ninjin
Spinat	hōrensō
Pilze	kinoko
Bohnen, grüne	gurinpīsu-ingen
Bohnen, weiße	shiro-mame
Erbsen	mame, gurinpīsu
Blumenkohl	karifurāwā

Seetang	nori
Meerrettich	wasabi
Kopfsalat	retasu
Gurke	kyūri
Lotus	hasu
Kartoffeln	jagaimo
Reis, gekochter	gohan
Kürbis	kabocha
Sojabohnen	daizu
Sojabohnenkeim-linge	moyashi
Lauch	negi
Tomate	tomato
Zwiebel	tamanegi
Knoblauch	nin-niku
Gemüse	yasai
Ingwer	shōga
Apfel	ringo
Banane	banana
Birne	yō-nashi
Erdbeere	ichigo
Esskastanie	kuri
Kirsche	sakuranbo
Pfirsich	momo
Pflaumen	ume, sumomo
Trauben	budō
Orange	orenji
Nüsse	nattsu
Zitrone	remon
Wasser	mizu
Apfelsaft	ringo-jūsu
Schwarztee	kōcha
grüner Tee	ryokucha
Limonade	remonēdo
Whisky	uisukī
Schnaps	shōshū
alkoholfrei	arukōru nuki

Abfahrt	shuppatsu
aussteigen	oriru (orimasu)
einsteigen	noru (norimasu)
umsteigen	norikae (norika-rimasu)
Bahnhof	eki
Fahrkarte	jōsha-ken
Kinderfahrkarte	kodomo yō jōsha-ken
Rückfahrkarte	ōfuku-jōsha-ken
Gepäck	nimotsu
Busbahnhof	basu-tāminaru
Haltestelle	tēryūjo
S-Bahn	kaisoku-densha
Flughafen	kūkō
Flug	hikō
Abflug	ririku
Ankunft	tōchaku
Fluggesellschaft	kōkū-gaisha
stornieren	torikesu (torike-shimasu)
Terminal	tāminaru
Verspätung	okure

REISEWORTSCHATZ

4

ABC IM HOTEL

Frühstück	chōshoku, asagohan
Frühstücksbüfett	byuffe
Mittagessen	chūshoku, hiru gohan
Abendessen	yūshoku
Halbpension	nishoku-tsuki
Vollpension	sanshoku-tsuki
Heizung	danbō
Klimaanlage	eakon
Schlüssel	kagi
Safe	kinko/seifutī-bokkusu
Aufzug	erebētā
Swimmingpool	pūru

ABC BESICHTIGUNGEN, AUSFLÜGE

Burg	shiro
Ruine	haikyo
Denkmal	kinen-hi / kinen-butsu
Kirche	kyōkai
Tempel	o-tera
Theater	geki, geki-jō, shibai
Museum	hakubutsu-kan, bijutsu-kan
Führung	annai
Pagode	pagoda
Pavillon	pabirion
Schrein	jinja
Palast	kyūden
Kunst	geijutsu
Galerie	gyararī, garō
Gemälde	kaiga
Skulptur	chōkoku
Fotografie	shashin
Ausstellung	tenji-kai, tenran-kai
Botanischer Garten	shokubutsu-en
Japanischer Garten	nihon-teien
Zoo	dōbutsuen
Fremdenverkehrs-amt	kankō-kyoku
Fußgängerzone	hokōshā-tengoku
Straße	michi
Gasse	roji
Stadtteil	machi no ikkaku
Stadtzentrum	hankagai
Rathaus	shiyakusho
Markthalle	māketto

Flohmarkt	**nomi no ichi**
Archäologie	**kōko-gaku**
Architektur	**kenchiku**
Stadtrundfahrt	**shinai-kankō-basu**
Stadtplan	**shigai-chizu**

ABC **NATUR**

Ausflug	**ensoku, kōraku**
Rundfahrt	**shūyū**
Landkarte	**chizu**
Gebirge	**sanmyaku**
Gipfel	**chōjo**
Tal	**tani**
Schlucht	**keikoku**
Vulkan	**kazan**
Höhle	**dōkutsu**
Landschaft	**fūkei, keshiki**
Nationalpark	**kokuritsu-koen**
Naturschutzgebiet	**shizen-hogo-chiiki**
Vogelschutzgebiet	**chōrui-hogo-chiiki**
Quelle	**izumi, wakimizu**
Fluss	**kawa**
See	**mizūmi**
Sumpf	**numachi**
Wasserfall	**taki**
Wald	**mori**
Wildpark	**shizen-dōbutsuen**

ABC **UNTERHALTUNG, VERGNÜGEN**

Konzert	**konsāto, ongakkai**
Oper	**opera**
Ballett	**barē**
Volksmusik	**minshū-ongaku**
Kino	**eiga-kan**
Bunraku (japanisches Figurentheater)	**bunraku**
Kabuki (traditionelles japanisches Theater)	**kabuki**
Diskothek	**disuko**
Kneipe	**nomiya**
Livemusik	**nama-ensō**
Spielkasino	**tobakujō, kajino**
Festival	**fesutibaru, geijutsu-sai**
Feuerwerk	**hanabi**

Reisewortschatz

ᴬᴮᶜ EINKAUFEN

Apotheke	kusuriya, yakkyoku
Pflaster	bando-eido
Hustensaft	sekidome-gusuri
Kopfschmerz-tabletten	zutsū-yaku
Halstabletten	nodo no kusuri
Schlaftabletten	suimin-yaku
Schmerztabletten	itamidome
Bäckerei	panya, bēkarī
Konditorei	okashi-ya, kēki-ya
Metzgerei	nikuya
Blumengeschäft	hanaya
Buchhandlung	honya
Drogerie	doraggu-sutoā
Papiertaschentücher	chirigami, tisshu
Creme	kurīmu
Sonnencreme	hiyakedome-kurīmo
Kamm	kushi
Rasierklingen	kamisori no ha
Shampoo	shanpū
Präservativ	hiningu, kondōmu
Tampons	tanpon
Zahnbürste	haburashi
Zahnpasta	hamigaki
Fotogeschäft	shashin-ya
Foto	shashin
Fotoapparat	kamera
fotografieren	shashin o toru (torimasu)
Reinigung	kurīningu-ya
Reisebüro	ryokō-sha
Schuhgeschäft	kutsuya
Turnschuhe	undō-gutsu
Sandalen	sandaru
Schnürsenkel	kutsuhimo
Badeschuhe	suiei yō kutsu, yoku yō surippa, bīchi-sandaru
Souvenirladen	miyagemono-ten
Lackartikel	shikki
Seide	kinu
Holzdrucke	hanga
Fächer	sensu
Keramik	tōki
Optiker	megane-ya
Bioladen	shizen-shokohin-ten
Bank	ginkō
bar	genkin no
Bargeld	genkin
Geldautomat	genkin-jidō-hikidashi-ki
Kreditkarte	kurejitto-kādo
Unterschrift	shomei, sain
Formular	kinyū-yōshi
Geheimzahl	anshō-bangō

BILDNACHWEIS

Seite 10: A. istockphoto.com/Tristan Scholze, B. istockphoto.com/Svetlana Larina, C. istockphoto.com/Kelly Cline

Seite 11: istockphoto.com/Emanuele Gnani

Seite 12: istockphoto.com/Nguyen Thai

Seite 15: Tageszeiten: Silke Deffur, Frau: istockphoto.com/Ryan KC Wong

Seite 16: 1. + 2. Silke Deffur, 3. istockphoto.com/Jim Jurica, 4. istockphoto.com/Ryan KC Wong

Seite 18: istockphoto.com/Galina Barskaya

Seite 22: von links nach rechts: istockphoto.com/Jim Jurica, istockphoto.com/Jim Jurica, istockphoto.com/Kevin Bergen

Seite 24: Fotosearch RF (Photosdisc)

Seite 26: von links nach rechts: istockphoto.com/Vasko Miokovic, istockphoto.com/bonnie jacobs, istockphoto.com/Jaimie Duplass, istockphoto.com/Sergey Kashkin

Seite 29: 1. istockphoto.com/Emanuele Gnani, 2. istockphoto.com/Tristan Scholze, 3. istockphoto.com/Svetlana Larina, 4. istockphoto.com/Kelly Cline, 5. istockphoto.com/Kevin Bergen, 6. istockphoto.com/Joshua Blake

Seite 32: Fotosearch RF (Photosdisc)

Seite 34: 1. istockphoto.com/Glenn Bristol, 2. istockphoto.com/Spencer Hoo, 3. istockphoto.com/Holger Feroudj

Seite 36/37: 1. istockphoto.com/Lorenzo Colloreta, 2. istockphoto.com/Marje Cannon, 3. istockphoto.com/Charles Humphries, 4. istockphoto.com/Timothy Sullivan, 5. istockphoto.com/Ross Thomson, 6. istockphoto.com/Stefan Klein

Seite 38: von links nach rechts, Reihe 1: istockphoto.com/apg, istockphoto.com/Ronda Oliver, istockphoto.com/Phil Date, Reihe 2: istockphoto.com/Sean Nel, istockphoto.com/Mehmet Dilsiz, istockphoto.com/Louis Aguinaldo

Seite 41: 1. istockphoto.com, 2. istockphoto.com/Sean Nel, 3. istockphoto.com/Norman Pogson, 4. istockphoto.com/Mehmet Dilsiz

Seite 44: 1. istockphoto.com/Janne Ahvo, 2. istockphoto.com/Daniel Vineyard und istockphoto.com/Melissa King, 3. istockphoto.com/Phil Date

Seite 47: Computer: istockphoto.com/Joshua Blake, Haus: istockphoto.com/James H. MacAllister, Auto: istockphoto.com/mika makkonen , Mädchen: istockphoto.com/Jaimie Duplass, Familie: istockphoto.com/Kevin Russ, Eheringe: istockphoto.com/David Philips

Seite 48: 1. istockphoto.com/Kevin Russ, 2. istockphoto.com/Nicholas Sutcliffe, 3. istockphoto.com/Kevin Russ, 4. istockphoto.com/Renee Lee

Seite 54: Vier für Texas, Frankfurt

Seite 56: 1. istockphoto.com/James McQuillan, 2. istockphoto.com/Daniel Hutchison, 3. istockphoto.com/William Walsh, 4. istockphoto.com/robert lerich, 5. istockphoto.com/geotrac

Seite 58: 1. istockphoto.com, 2. istockphoto.com/Irochka Tischenko, 3. istockphoto.com/Svetlana Larina, 4. istockphoto.com/Simon Oxley, 5. istockphoto.com/Trevor Nielson, 6. istockphoto.com

Seite 61: Silke Deffur

Seite 62: Silke Deffur

Seite 64: istockphoto.com/eva serrabassa

Seite 66: Fotosearch RF (Photosdisc)

Seite 70/71: von links nach rechts: istockphoto.com, istockphoto.com/Juergen Sack, istockphoto.com/Christoph Ermel, Andreas Liebetruth

Seite 72: 1., 3. + 4. Andreas Liebetruth, 2. istockphoto.com/Radu Razvan

Seite 74: istockphoto.com/Stefan Tordenmalm

Seite 76: istockphoto.com/Rohit Seth

Seite 78: istockphoto.com/John Leung

Seite 81: PONS GmbH

Seite 82/83: PONS GmbH

Seite 84: istockphoto.com/Daniel St.Pierre

Seite 85: Silke Deffur

Seite 86/87: 1. istockphoto.com/fred goldstein, 2. istockphoto.com/Terraxplorer, 3. istockphoto.com/Brent Bossom, 4. istockphoto.com/Amanda Rohde

Seite 88/89: 1. istockphoto.com, 2. istockphoto.com, 3. istockphoto.com/Julie de Leseleuc, 4. Wolfgang Thumm

Seite 90: istockphoto.com/Juergen Sack

Seite 92: links: fotolia.de/Markus Schieder, rechts: istockphoto.com/Daniel St.Pierre

Seite 94: istockphoto.com/Oleg Prikhodko

Seite 95: 1. istockphoto.com/Kevin Russ, 2. istockphoto.com/Wojciech Krusinski, 3. istockphoto.com/Emil Marinsek, 4. istockphoto.com/ROBERTO ADRIAN

Seite 98: Andreas Liebetruth

Seite 99: links: istockphoto.com/Oleg Prikhodko, rechts: istockphoto.com/Andrei Tchernov

Seite 101: istockphoto.com/Nathan Watkins

Seite 102: Regen: fotolia.de/Denis Potschien, Schnee: istockphoto.com/Hadleigh Thompson, Sonne: fotolia.de/Leonid Nyshko, Wind: fotolia.de/Oleg Kozlov

Seite 103: istockphoto.com/yury zaporozhchenko

Seite 104: istockphoto.com/Andrew Blyth

Seite 106: istockphoto.com/Brent Bossom

Der Hektik des Alltags entkommen

160 Seiten | Kartoniert
ISBN 978-3-451-06881-2

Von der Hektik des Alltags in einen Raum der Stille eintreten und Ruhe einatmen. Spüren, wie der Druck weicht und die Entspannung einsetzt. Mit diesen Meditationen zeigt Pierre Stutz, wie aus dem meditativen Innehalten innere Ruhe im Alltag wird. Konkrete Übungen, Anleitungen und Rituale helfen Ihnen, mitten im Stress die Aufmerksamkeit für das Wesentliche zurückzugewinnen.

In jeder Buchhandlung!

HERDER

www.herder.de